高橋順子　文
佐藤秀明　写真

恋の名前

Koi no Namae

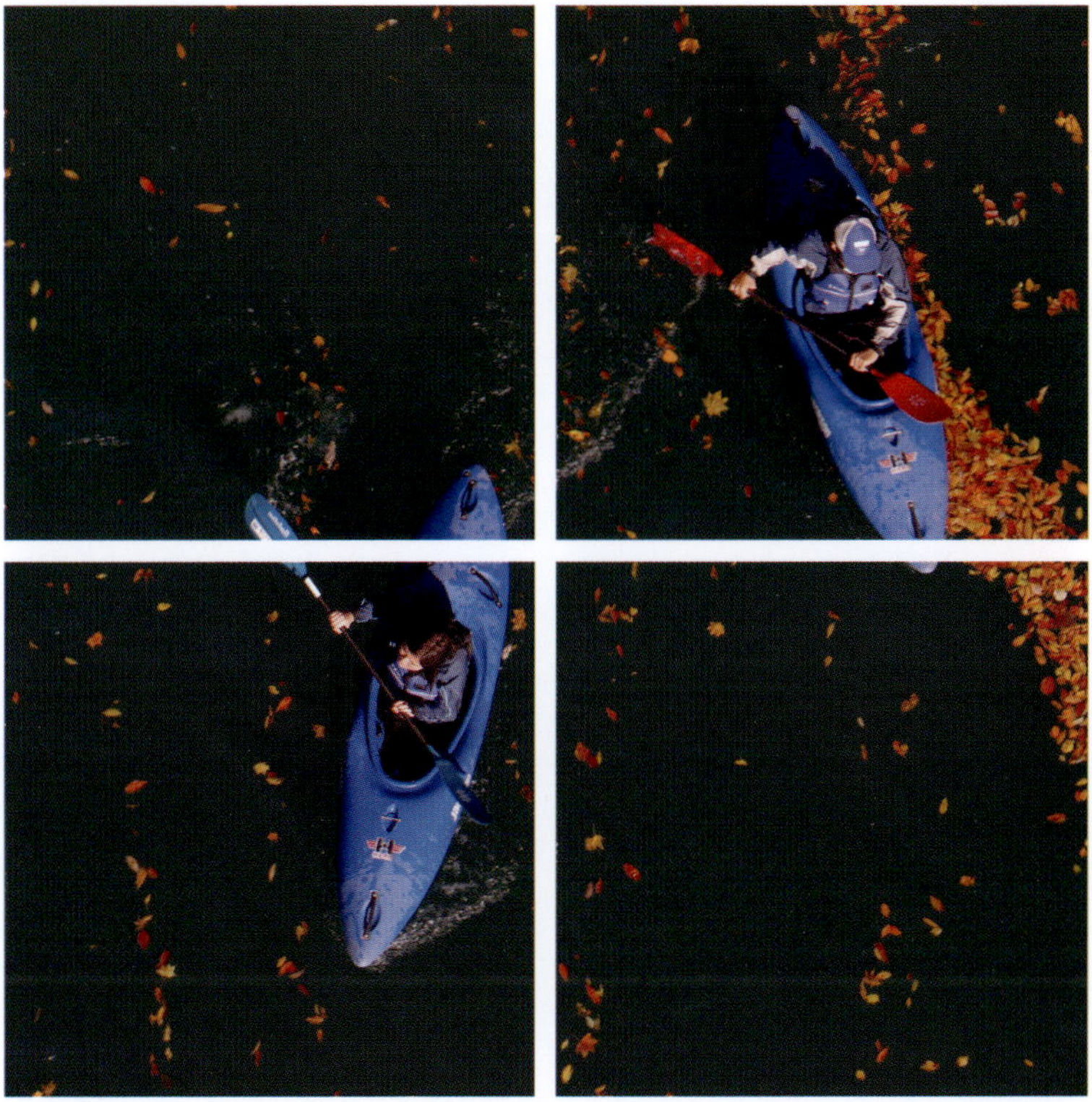

小学館

Ⅰ章 恋の春

Ⅱ章 恋の夏

Ⅲ章 恋の秋

Ⅳ章 恋の冬

Ⅴ章 恋の季知らず

「恋の私がたり」11篇は、古今の歌人などに問わず語りに「私」の恋を語ってもらうという趣向で高橋順子が書き下ろしたものです。

恋という花には水やりをする時間がなければ、大きく美しく育ちません。

恋しいのは、目の前に恋人がいないから、逢えないから、あるいは別れてきたからであって、そういうときに人は相手の神秘的な謎を解こうとする一方で、自分を相手にふさわしからぬ者として卑下したり、向上心を燃やしたり、またさまざまな憶測をはぐくんだりします。

それは非効率的な無駄な時間かもしれないけれど、いわば恋に水やりをしている時間です。人生の味のする濃密な時間です。

恋をすると、多分全身の細胞が目覚めるせいで、世界が美しく見えてきます。

I章 恋の春

知らぬ間に芽生えて、葉っぱとなってそよぐ

髪ながき　少女《をとめ》とうまれ　しろ百合に
額《ぬか》は伏せつつ　君をこそ思へ

山川登美子

山川登美子《やまかわとみこ》（一八七九―一九〇九）という明治の薄幸の歌人は、周囲から「しろ百合」と呼ばれていた。うつむいて咲く清楚な白百合《しらゆり》のような人だったにちがいない。ちなみに同じ人を慕った友の与謝野晶子《よさのあきこ》は「白萩」である。

この歌は、白百合の花のように恥じらいながら、しかし心を強くして、あなた一人への恋をつらぬきます、というのである。たおやかな乙女に恋という情熱はよく似合う。

いま髪の長い少女たちはミニスカートを穿《は》き、高下駄《たかげた》ならぬ高サンダルを鳴らして、奇声を発しつつ往来を闊歩《かっぽ》しているが、彼女たちの心の

中に、恋する内気な乙女がいないと誰が言えよう。

恋は人の生涯を彩るものである。本能という人の中の自然によって引き起こされる情熱が、心に生まれ、咲き誇り、色褪《いろあ》せ、滅びてゆくさまを人は見ないわけにはいかない。

王朝時代は後宮の女性たちが華やかに活躍した時代だったが、宮廷では多種類の恋の心などを題として詠む歌合《うたあわ》せが行われていた。「初恋」「忍恋《しのぶる》」「待恋《まつ》」「名立恋《なのたつ》」など色さまざま。月、雲、風、雨などに寄せる恋のほか、鳥、虫、笛、琴、海士《あま》、樵夫《きこり》に寄せる恋などもうたわれた。恋歌はフィクションとしても鑑賞されうる、芸術的に洗練されたものになっていったのである。それはこの国の文芸の一特色であるといわれている。

したがって恋の名前や恋のことば一つとってみても、厚みと洗練を兼ね備えるものになったということができよう。

本章「恋の春」には、知らぬ間に芽生えた恋愛感情が成長し、初々《ういうい》しい葉っぱとなって揺れるさまを捉《とら》える象徴的な名前やことばを集めた。

男女の差異、時代背景や社会の風俗習慣の違いを超えて、心の中に脈打つ〈恋という生きもの〉に触れることができよう。

始まりの予感

春《はる》の心《こころ》

春がやって来たときの心の浮き立つさまが、恋を知ったときの気持ちに似ているため、恋する心をいう。**春心**。

見《み》初《そ》める

一目見て恋に落ちること。**一目惚れ**。

惚《ほ》れる

たまらなく好きになってぼうっとなること。

見《み》惚《ほ》れる

相手の見た目のよさに心ひかれること。顔立ちやスタイルのよさに惚れること。

気《き》惚《ぼ》れる

相手の気質に惚れこむこと。

見《み》とれる

われを忘れて見つめてしまうこと。心を奪われて見入ること。

浮《う》かれ人《びと》

花や月などの美しいものや異性などに心をひかれて、浮かれ歩く人。「**浮《う》かれ女《め》**」は遊女（134頁）、「**浮かれ者**」は遊び歩く者。

「浮かれ人を花に送る京の汽車は嵯峨より二条に引き返す」
夏目漱石『虞美人草』

恋《こい》の若《わか》生《ば》え

新しく芽生えた恋のこと。

「私の事をわすれ草、恋の若生《わかばえ》に男をねとられ」
浮世草子『御前義経記』

恋《こい》の端《つま》

恋のきっかけ。

つれづれと 袖のみひぢて
春の日の ながめはこひの
つまにぞ有《あり》ける
藤原敏行
（袖ひじて＝袖が涙に濡れて）

「今は何につけてか心をも乱らまし、似げなき恋のつまなりや」
紫式部『源氏物語』

クローバーの原っぱで

クローバーの原っぱで
風に吹かれていてもいい
それが楽しいことだったら
空が茜色になったら
お酒を呑んでもいい
それが楽しいことだったら
恋人を五人つくってもいい
それが楽しいことだったら
猫に生まれ変わってもいい
それが楽しいことだったら
心をいれかえてもいい
それが楽しいことだったら

はじめての恋

初恋《はつこい》

はじめての恋。はじめて漠然と異性に対して恋心をおぼえる場合と、特定の誰かを恋い慕う場合とがある。いずれも自分をとりまく世界の光と影にはじめて気づくような、目の覚める思いをともなう。

初恋や　燈籠《とうろ》によする
顔と顔　　太祇

砂山の砂に腹這《はらば》ひ
初恋の
いたみを遠く　おもひ出
づる日　　石川啄木

恋《こい》の初風《はつかぜ》

人を恋いはじめたときの心。初恋の心。

君が宿の　萩の上葉の　いか
ならん　けふ吹きそむる
恋のはつ風　　慈円

こひのはつ風
身にしむ程ぞ懐かし
歌謡『松の葉』

色始《いろはじめ》

初めて恋愛を経験すること。

小林古径「筒井筒」（東京芸術大学大学美術館蔵）

筒井筒《つついづつ》
「筒井の筒」の意。筒井は円筒状にまっすぐに掘り下げた井戸をいい、筒はその井戸の枠をいう。『伊勢物語』に、筒井筒のまわりで遊んだ幼なじみの男女が、大人になって歌を贈答しあう恋物語があることから、幼なじみの恋や幼い男女の恋のこともいう。「**筒井つ**」とも。

筒井《つつゐ》つの 井筒《ゐづつ》にかけし
まろがたけ 過ぎにけら
しな 妹《いも》見ざるまに

くらべこし ふりわけ髪《がみ》も
肩すぎぬ 君《きみ》ならずして
たれかあぐべき

『伊勢物語』
（まろがたけ＝私の背丈。妹＝いとしいあなた）
（あぐ＝髪を上げる。女性の成人式）

恋振《こいぶるい》
うぶな者などが恋心のために身ぶるいすること。

青春《せいしゅん》
人生の春にたとえられる若い時期。

君のこと 想いて過ぎし
独房の ひと日をわれの
青春とする

道浦母都子《もとこ》

恋する心

恋《こ》う

特定の異性に身も心もひかれて、思い慕うこと。

君を恋う おんなの声の
きしきしと ノエルのあ
かき花を憎みぬ

梅内美華子

（ノエル＝Noël フランス語のクリスマス）

恋《こい》しい

事物や人などに強く心を引かれて、じっとしていられない気持ち。とくに男女間で慕い焦がれること。

恋しとよ 君恋しとよ
ゆかしとよ
逢はばや 見ばや
見ばや 見えばや

『梁塵秘抄』

（ゆかし＝慕わしい。見えばや＝見られたい）

人恋《ひとこい》しい

なんとなく人に会いたいという気持ち。

馬を洗はば馬のたましひ
冴ゆるまで人恋はば
人あやむるこころ

塚本邦雄

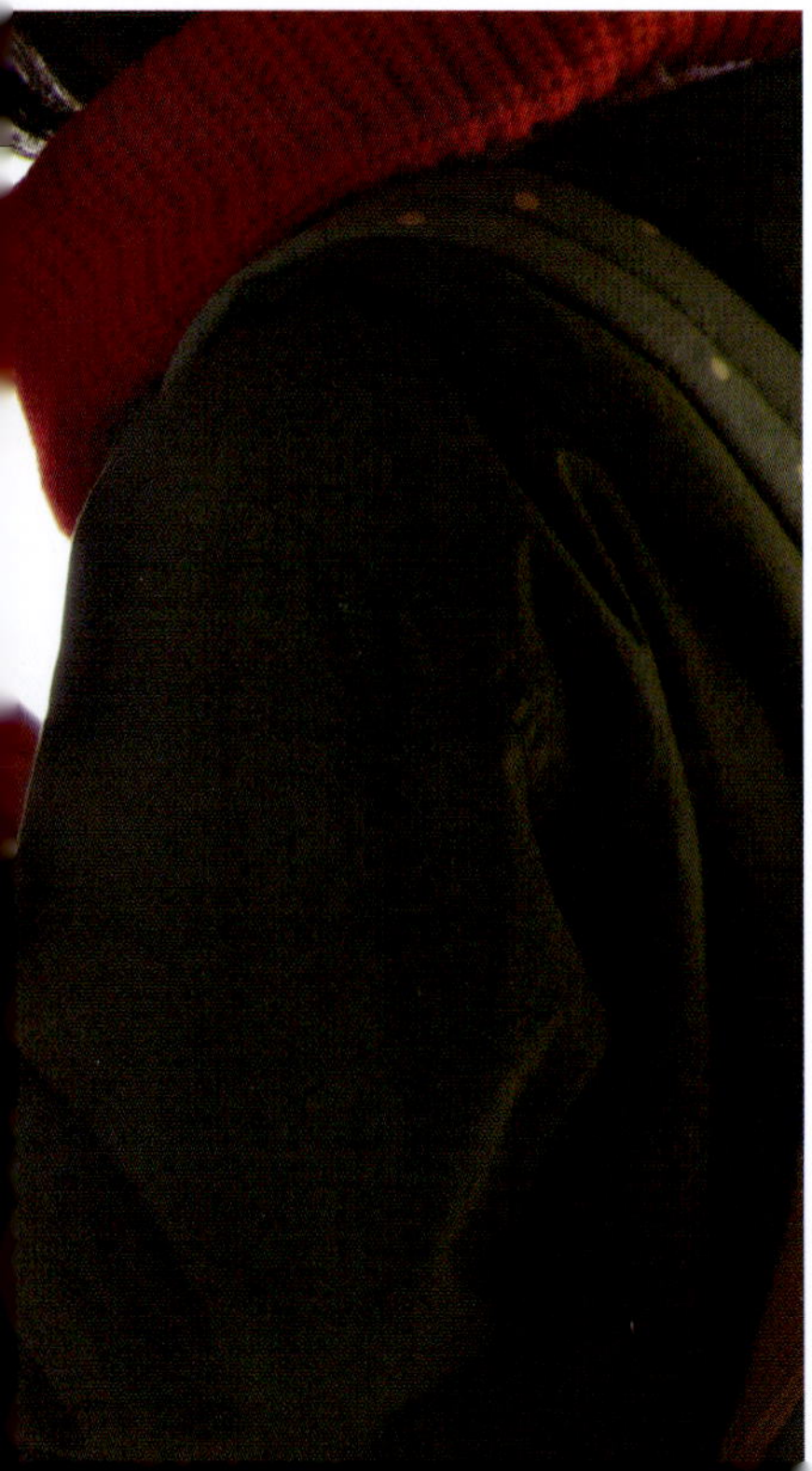

生恋《なまこい》し

なんとなく恋しい、少し慕わしいこと。「なま」は接頭語。

恋心《こいごころ》

恋い慕う心。恋しいと思う気持ち。**恋気**。

生涯に 二人得がたき 君
ゆゑに わが恋心 恐れ気
もなし

中城ふみ子

恋思《こいおもう／こいおもい》

恋しく思うこと。恋い慕うこと。

恋情《こいなさけ／れんじょう》

恋愛の情。異性を恋い慕う気持ち。

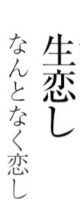

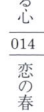

恋盛《こいざかり》
恋心の盛んなこと。また、恋心の盛んな年ごろ。

桜花《さくらばな》 時は過ぎねど 見る人の 恋の盛りと 今し散るらむ

よみ人知らず『万葉集』

（見る人の恋の盛り＝見る人が心底うっとりすること）

恋《こい》の俘《とりこ》
まわりが見えなくなるほど恋に夢中になること。相手に心を奪われること。**恋の虜《とりこ》。**

首《くび》っ丈《たけ》
異性に夢中になること。足元から首の高さまでの「首丈」が促音化した言葉で、首までどっぷりつかるという意味から。

恋《こい》の一念《いちねん》
いちずにひたすら思いこんだ恋の気持ち。**恋路の念力。**

「心ぼそさのかね事に、
迫りし恋の一念を、
此《こ》の石にとどめおき」

浄瑠璃『曾我扇八景』

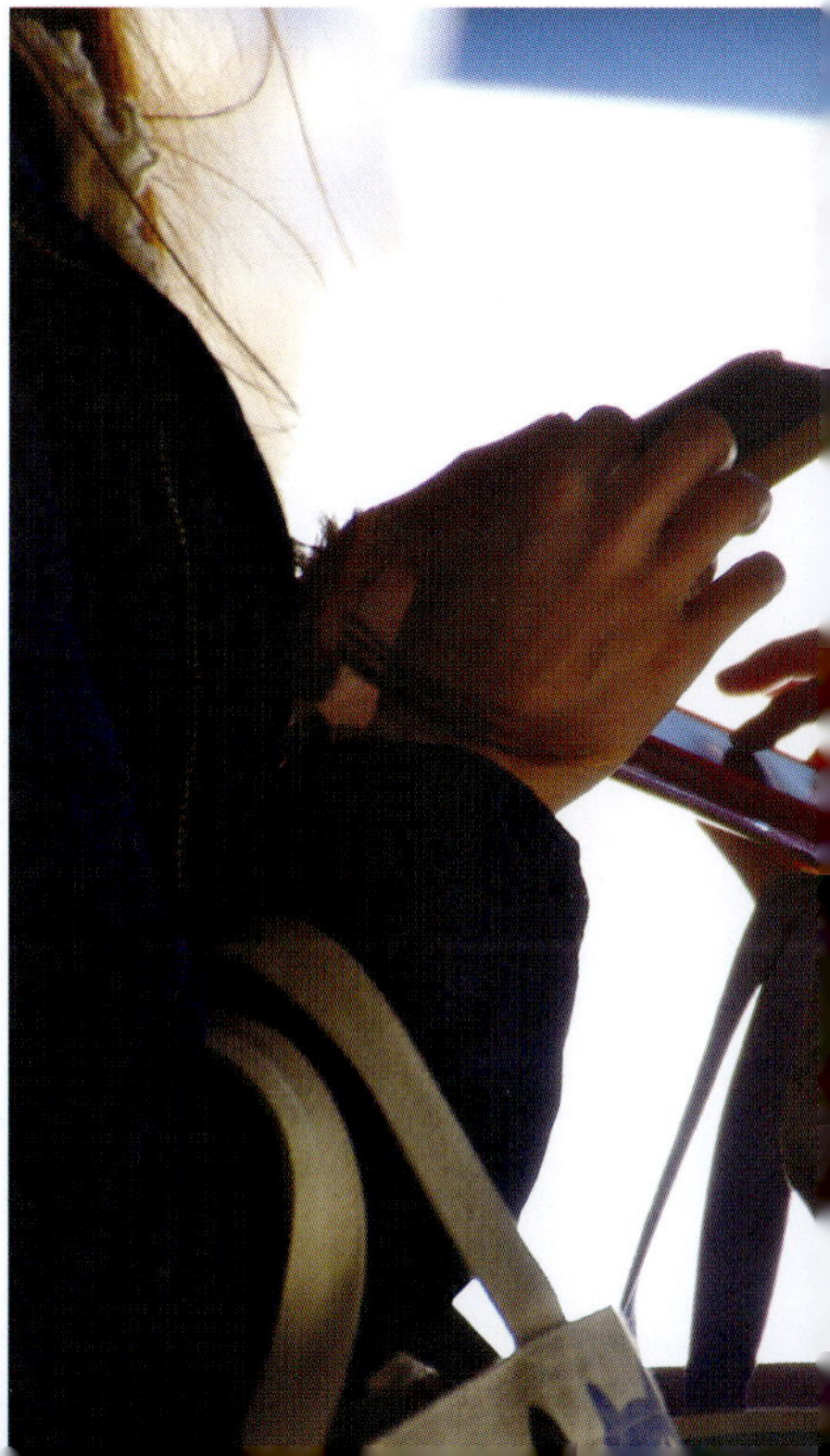

恋《こい》の騒《ぞめ》き
恋心によって気持ちが落ち着かないこと。

藻塩《もしほ》焼く 海士《あま》のまくかた
ならねども 恋のそめきも
いとなかりけり

藤原顕昭

恋路《こいじ》

恋心を抱きながらおくる日々を、道にたとえていったもの。**恋の道**。歌では泥の古語「泥《こいじ》・小泥《こいじ》」との掛け詞になることが多い。

思ひわび 恋路にまよふ
しるべには 涙ばかりぞ
先に立ちける
宰相中将忠教

菫《すみれ》踏んで 石垣のぼる
恋路かな
几董《きとう》

恋路《こいじ》の闇《やみ》

恋のために思慮分別を失うことを闇にたとえた語。

「思ひの煙の立ち別かれ、
稲葉の山風吹き乱れ、
恋路の闇に迷ふとも」
謡曲『恋重荷』

忍恋路《しのぶこいじ》

忍ばなければいけない恋の苦しさを道にたとえた語。

通路《かよいじ》・通い路《かよいみち》

行き通う道。恋人の所へ通う道。

妹《いも》らがり 我《わ》が行《ゆ》く道の
篠すすき 我《われ》し通《かよ》はば
なびけ篠原《しのはら》
よみ人しらず『万葉集』
（妹らがり＝妻のもとへ。なびけ＝倒れ伏せ）

夢通路《ゆめかよいじ》・夢の通い路《ゆめのかよいみち》

夢の中の道。とくに夢の中で恋しい人のもとに通う道。また、恋い慕う相手を夢に見ること。**夢の道**。**夢路**。

住《すみ》の江《え》の 岸に寄る波
よるさへや 夢の通路
人目よくらむ
藤原敏行

恋《こい》の山《やま》

恋心のつのるのを山にたとえた語。恋の悩みをけわしい山にたとえることもある。**恋の山路**。本来比喩《ひゆ》的なものだったが、後世、実在の土地にあてはめられた。山形県中部にある湯殿山や、同県酒田市の西方にある国府山とも。

おもひかへす みちを知らばや 恋のやま 端山《はやま》繁山《しげやま》 わけ入りし身に

建礼門院右京大夫

恋《こい》の坂《さか》

恋の気持ちがだんだんと高まっていくことを坂にたとえた語。

「名を遠山《とほやま》と呼ばれしも、人に登れの恋の坂」

浄瑠璃『傾城反魂香』

恋《こい》の峠《とうげ》

恋する気持ちが高まり、情熱が頂点に達したことをたとえた語。

恋川《こいかわ》

恋心に深く沈む気持ちを、川の深みにたとえた語。

恋かはに 沈むにつけて 思ふかな 我が身も石と なるにやある覧《らむ》

藤原頼保

恋《こい》の淵《ふち》

深い恋心を淵にたとえた語。**恋の深淵**。

筑波嶺《つくばね》の 峰より落つる 男女川《みなのがわ》 恋ぞつもりて 淵になりぬる

陽成院

思《おも》い川《がわ》

思いが深く、絶える間もないさまを、川にたとえた語。

恋《こい》の大海《たいかい》

恋心が深く大きいことを海にたとえた語。**恋の海**。

恋草《こいぐさ》

恋の思いが後から後からはびこるさまを、草の茂る様子にたとえた語。

恋草《こひぐさ》を 力車《ちからくるま》に 七車《ななくるま》 積《つ》みて恋ふらく 我《わ》が心から
広河女王

心《こころ》の紅葉《もみじ》

恋い焦がれる心や色めいた心を紅葉にたとえた語。

恋衣《こいごろも》

心から離れない恋を、衣にたとえた語。後には恋人に逢ったときの衣裳をいうようになった。

恋ごろも いかに染めける
色なれば 思へばやがて
うつる心ぞ
藤原俊成

春雨の 衣桁《いこう》に重し 恋衣
高浜虚子
（衣桁＝衣類をかけておく家具）

妻恋衣《つまごいごろも》・夫恋衣《つまごいごろも》

妻または夫を恋い慕う涙で濡れた衣。

彦星の つまこひ衣 こよひだに 袖の露ほせ 秋のはつ風
平為時

恋風《こいかぜ》

切なく身にしみわたる恋を、風にたとえた語。

恋風が 来ては袂《たもと》にかいもつれてなう 袖の重さよ
恋風は 重いものかな
歌謡『閑吟集』
（かいもとれて＝掻い回れて。まとわりついて）

恋《こい》の蛍《ほたる》

恋い焦がれる思いを蛍の光にたとえた語。

恋蛍　大き火となり
ゆき違ひ
岸田稚魚

夕轟《ゆうとどろき》

恋い慕う気持ちなどのために、夕暮れ方に胸がさわぐこと。

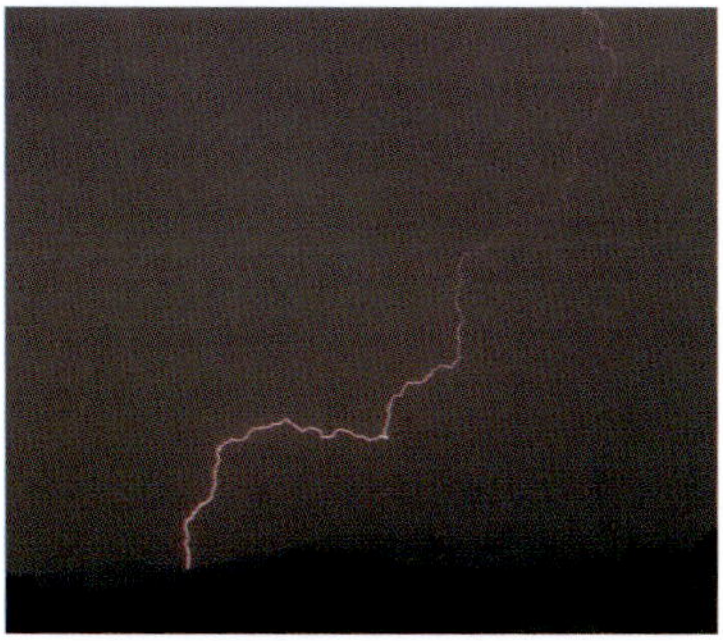

慕ひ来る　恋の奴の　旅にても　身のくせなれや
夕とどろきは
源俊頼

やはらかに　赤き毛糸を
たぐるとき　夕とどろきの
遠くきこゆる
北原白秋

観覧車回れよ回れ
想ひ出は君には一日《ひとひ》我には一生《ひとよ》
栗木京子
454

片思い

片恋《かたこい》

一方だけから恋する気持ちをよせていること。**片思い**。

ますらをや 片恋《かたこひ》せむと
嘆けども 醜《しこ》のますらを
なほ恋ひにけり

舎人《とねり》皇子

（ますらを＝益荒男。強く勇ましい男子）

片こひの身にしあらねど
わが得しはただこころ妻
こころ妻こころにいだき
いねがてのわが冬の夜ぞ

佐藤春夫

「或るとき人に与へて」より

（いねがての＝寝られない）

岡惚《おかぼ》れ

カップルの一方や、つきあいのない者にひそかに恋をすること。

聞恋《きくこい》

和歌での恋の題の一つ。まだ見てもいない人のうわさを聞いただけで、その人を恋い慕うこと。

契りあらば 逢ひ見て後ぞ
知らるべき 語りし様の
気色なりとも

藤原季経

（『六百番歌合』「聞恋」）

垣間見《かいまみ／かいばみ》

物のすきまから、こっそりと見ること。王朝時代、貴族の男が、噂の姫君の姿を側近の人などに導かれて垣間見ることがあった。

若草を 駒《こま》にふませて
垣間見し をとめも今は
老いやしぬらむ

香川景樹

解語《かいご》の花《はな》

言葉を理解する花のことで、美人のたとえ。

高嶺《たかね》の花《はな》

遠くから眺めるだけで、手に入れることのできないもののたとえ。自分にとってはあまりに遠い存在である憧れの人。

高山植物の女王コマクサは高嶺の花

秘めた心

忍《しの》ぶ恋《こい》

自分の心の中だけに秘め、人に知られないように堪えている恋。**忍ぶる恋**。

忍ぶれど 色にいでにけり
わが恋は ものや思ふと
人のとふまで
平兼盛

秘恋《ひれん／ひめごい》

人知れず胸の奥に秘めた恋。また、二人だけの秘密としての恋愛。

胸の秘恋《ひめごい》泣く姫が
七尺落つる秋髪の
慓《ふる》ひを吹きしも松の風
かすけき声にわたるとか
石川啄木「落櫛」より

心恋《うらごい》

心の内で恋しく思うこと。

我《わ》が背子《せこ》に うら恋ひ居《を》
れば 天の川 夜舟《よふね》漕ぐ
なる 梶《かぢ》の音《おと》聞こゆ
よみ人しらず『万葉集』

下恋《したごい》

心の中で恋い慕うこと。ひそかに思いこがれること。「下」は「心」の意。

…うら嘆《な》けしつつ 下恋《したこひ》に
思ひうらぶれ 門《かど》に立ち…
大伴家持
（うら嘆け＝心の中で自然に嘆かれ）

下思《したおもい／したもい》

心の中でひたすら思うこと。心の底に秘めた恋心など。

行くへなみ 隠《こも》れる小沼《をぬ》の
下思《したもひ》に 我《あれ》そ物思ふ
このころの間
よみ人しらず『万葉集』

下燻《したくゆ》る・下焦《したこが》る

人知れず心の中で恋い慕い悩むこと。思いがくすぶること。**下焦れ**。

あしひきの 山田守《も》る翁《おち》
置く蚊火《かひ》の 下焦《したこ》がれのみ
我《あ》が恋ひ居《を》らく
よみ人しらず『万葉集』

恋籠《こいこも》る

恋心を表に出さずに心の中にとどめること。恋のために心がふさぐこと。

こひこもる はりまの池の
みくりこそ 引けば根絶
ゆれ われやは絶ゆる
よみ人しらず
『夫木和歌抄』

つのる思い

懸想《けそう》

異性に恋する思いをかけること。

恋慕《れんぼ》

いちずに恋い慕うこと。思い焦がれること。

忍恋慕《しのびれんぼ》

人知れずひそかに思いをよせること。

横恋慕《よこれんぼ》

他人の夫や妻、恋人に横合いから迫り、口説こうとすること。

執心《しゅうしん》

熱烈に恋い慕うこと。多く、「御執心」の形で、異性などに深く思いをかけることをひやかしていう語。

係恋《けいれん》

なみなみならず深く思いをかけて恋い慕うこと。

「簡を折り深く昨夕の厚意を謝し繫恋《けいれん》忘る能はざるの情を陳し」

東海散士『佳人之奇遇』

恋着《れんちゃく》

恋した相手のことを片時も忘れられないこと。

恋痛《こいいた》し

ひどく恋しいこと。「痛し」は激しい、はなはだしいの意。

丹生《にふ》の川 瀬は渡らずて
ゆくゆくと 恋痛き我《わ》が背《せ》
いで通《かよ》ひ来《こ》ね

長皇子

恋増《こいまさ》る

恋する思いが高まっていくこと。恋しさがつのること。

春日野《かすがの》に 朝居《ゐ》る雲の
しくしくに 我《あ》は恋まさる
月に日に異《け》に

大伴像見《かたみ》

（しくしくに＝しきりに。異に＝ひどく）

恋恋《こいこう／れんれん》

恋い慕う上に恋い慕うこと。絶えず恋い慕うこと。思いきれずに執着すること。

恋恋《こひこひ》て 逢へる時だに 愛《うつく》
しき 言尽《ことつ》くしてよ 長く
と思はば

大伴坂上郎女《いらつめ》

（愛しき＝優しい。長くと思はば＝いつまでも
と思うのでしたら）

恋兼《こいかね》る

恋しい気持ちをおさえられないこと。恋しさをこらえかねること。

いにしへの 雲居の花に
こひかねて 身を忘れて
も見つる春かな

藤原俊成

恋余《こいあま》る

恋しい心がおさえきれず表にあらわれること。

恋あまる ながめを人は
知りもせじ 我れとそめ
なす 雲の夕ぐれ

花園院

恋焦《こいこが》れる

恋しさに耐えられず、もだえること。はげしい恋情に心をもやすこと。焦げてしまいそうなくらい、心が熱く燃えていること。

「こひこがるる程にこそなくとも、きらふ程にはなき処あきらか也」

評判記『色道大鏡』

「小江に恋ひ焦れ思ひなやんでゐる自分になり澄まさうとした」

志賀直哉『赤西蠣太《あかにしかきた》』

胸《むね》を焦《こ》がす

胸が焼け焦げるくらい熱く思い続けること。

胸《むね》の煙《けむり》

相手を恋い慕い、燃える炎から立つ煙。

うき舟に のりてうかるる
わが身には むねのけふりぞ
くもとなりける

藤原高遠

心《こころ》の熾《おき》

思い焦がれる心を熾《おき》にたとえた語。熾とは赤くおこった炭火。

人を思ふ こころのおきは
身をぞ焼く 煙立つとは
みえぬものから

『班子女王歌合』

恋乱《こいみだ》れる

恋する気持ちが高まり心が乱れること。

解《と》き衣《きぬ》の 恋ひ乱れつつ
浮き砂《まなご》 生きても我《あれ》は
あり渡るかも

「人麻呂歌集」『万葉集』

（浮き砂＝「生きて」にかかる枕詞）

乱《みだ》れ初《そ》む

心が乱れはじめること。多く、恋する気持ちによって心が乱れはじめるのをいう。

みちのくの しのぶもぢ
ずり たれゆゑに 乱れそ
めにし われならなくに

『伊勢物語』

乱《みだ》れ立《た》つ

異性のことで、つつましくない態度をとること。浮ついた行動をとること。

乱心《みだれごころ》

恋によって思い悩む心。

憧《あくが》る・憧《あくが》れる

心や身がなにかにひかれてさまようこと。一説に、「あく」は「ところ」、「がる（かる）」は「離れる」の意で、本来いるべきところから離れて出ていくこと。相手をいとわしく思うようになって相手から離れることもいう。「あこがる・あこがれる」は、この言葉が変化したもの。

あくがるる 心は空に
さそはれて 寝《ぬ》る夜すく
なき 秋の夜の月

後宇多院

かたはらに おく幻の
椅子一つ あくがれて待つ
夜もなし今は

大西民子

憧《あくが》れ初《そ》む

憧れる気持ちによって心が落ち着かないでそわそわしはじめること。思い焦がれはじめること。

君こひて あくがれ染《そめ》し
玉の緒を とまれとしてや
手に結びつる

大中臣輔親《おおなかとみのすけちか》

（玉の緒＝魂の緒の意を掛ける）

憧《あくが》れ果《は》つ

心がなにかにひかれて身に添わなくなること。

「聞えなむ方なき御心の
つらさを思ひ添ふるに、
心魂《たましひ》もあくがれはてて」

紫式部『源氏物語』

憧《あくが》れ寄《よ》る

心が身を離れて思い焦がれる人のところにひかれ寄ること。

憧《あくが》れ渡《わた》る

限りなく心をひかれること。すっかり心を奪われること。

憧《あくが》れ勝《まさ》る

心が身につかないで、ますます思い焦がれること。いっそう心がひかれて、気がそぞろになること。

憧《あくが》れ惑《まど》う

本心を失うほどに心がひきつけられること。すっかり心を奪われて夢中になること。

「かかる折《おり》だにと心もあ
くがれまどひて、いづ
くにもいづくにもまう
でたまはず」

紫式部『源氏物語』

恋恨《こいうら》む

恋い慕うあまり、かえってうらめしく思うこと。恋しく思っているのに、相手がこたえてくれず、うらめしい気持ちになること。

恋うらみ 君に心《こころ》は なりはてて あらぬ思ひも まぜぬ比かな

従三位宣子

恋暮《こいくら》す

恋い慕いながら暮らすこと。

霞立つ 春の永日《ながひ》を 恋ひ暮らし 夜もふけ行くに 妹《いも》も逢はぬかも

「人麻呂歌集」『万葉集』

恋渡《こいわた》る

恋しい気持ちを抱きながら月日を経ること。**久恋《きゅうれん》**。

沖辺《おきへ》にも 寄らぬ玉藻《たまも》の 波のうへに 乱れてのみや 恋ひわたりなむ

よみ人しらず『古今和歌集』

年《とし》の恋《こい》

一年中恋い慕いつづけた恋。

年の恋 今夜尽くして 明日よりは 常のごとくや 我が恋ひ居らむ

よみ人しらず『万葉集』

恋寝《こいぬ》

恋しく思いながら寝ること。

昼は咲き 夜《よる》は恋ひ寝《ぬ》る 合歓木《ねぶ》の花 君のみ見めや 戯奴《わけ》さへに見よ

紀女郎《きのいらつめ》

(大伴家持に、ねむの花などに添えて贈った歌。君を作者、戯奴を相手と戯れた)

恋《こい》の夜殿《よどの》

恋い慕う気持ちをおさえかねて、思いわずらいながら寝る寝床。

思ひわび なごやのふすま よそに見て 恋のよどのに 起きあかしつる

藤原季行

恋明《こいあか》す

恋しさがつのって寝られないまま夜を明かすこと。

転寝《うたたね》

寝るとはなしに寝てしまうこと。寝床に入らないで、知らないうちにうとうとすること。平安時代では、恋の物思いのためにするものとされた。**仮寝**。**うたた眠り**。

うたたねに 恋しき人を 見てしより 夢てふ物は 頼み初《そ》めてき

小野小町

屋烏《おくう》の愛《あい》

愛するあまり、その人の家の屋根にとまった烏までも愛すること。「屋烏」とは、屋根の上にとまっている烏のこと。

「もしその不接《ふせふ》を咎めらるることなく、ますます屋烏の愛を蒙《かうふ》ることあらは、幸甚しからん」

曲亭馬琴『椿説弓張月』

おさえる思い

眺《なが》め

物思いにふけったり、恋する人を思いながら、じっとひとみを凝らしていること。和歌では多く「長雨《ながめ》」に掛けて用いられた。

花の色は 移りにけりな
いたづらに 我身世にふる
ながめせしまに

小野小町

恋慰《こいなぐさめ》

恋心を慰めること、慰め方。月を眺めて思いを馳せるなど。

待ちかねて 恋なくさめに
見る月の やがて心を
にしへいざなふ

太皇太后宮大進

恋《こい》の束《つかね》

紐などで乱れた物を束《たば》ねるのにたとえて、恋心の乱れを慰めしずめることをいう。

「掛かる鼓の声《こゑ》出では、それこそ恋の束《つか》ねなれ」

謡曲『綾鼓』

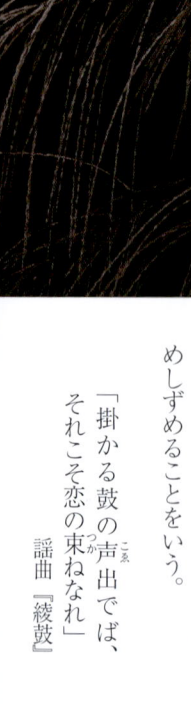

祈願・占い

恋結《こいむす》び

上代の恋人たちや夫婦が長く離れなければならないときに、恋の間柄が絶えないようにと神に願って紐を結ぶこと。恋の呪術である。

白《しろ》たへの　我《わ》が紐《ひも》の緒《を》の
絶えぬ間に　恋結びせむ
逢はむ日までに
「人麻呂歌集」『万葉集』

妻乞《つまごい》

妻を求めること。妻が欲しいと神仏に祈願すること。

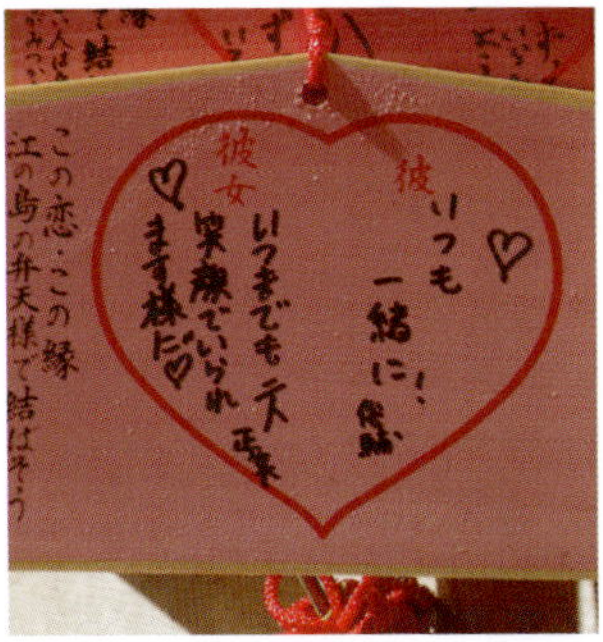

錦木《にしきぎ》

陸奥の風習で、男が思いをかけた女の家の門前に、日ごとに一本ずつ立てたという五色に彩った一尺ほどの木片。男を受け入れる時は女はその木を家の中に取り込んだ。千本積めば思いが叶うといわれた。落葉低木のニシキギにもこの漢字を当てるが、由来は紅葉が錦のように美しいことから。似たような風習だが、明治時代、千葉県飯岡町（現旭市）には、想う人の家の門柱にいわしのしっぽを張り付けると、思いがかなうという言い伝えがあった。四百枚で結婚できた漁具・質商の男の例がある。

恋占《こいうら》

恋愛についての占い。**恋みくじ**。古来、辻占《つじうら》、花占い、水占い、足占、歌占、粥占《かゆうら》、夢占、星占いなどがある。短い語句を記した辻占の紙片は、袋に入っていたり、巻煎餅に挟まれていたり、あるいは炙り出しのような細工がほどこされていたりした。現代ではタロットカードやトランプ、手相・人相など。少女たちが恋守りなどを身につけるのは、恋愛運を強めるため。

なほざりの　手ずさみに
する　恋うらも　あふにし
あふは　嬉しかりけり
皇嘉門院武蔵

恋わずらい

恋の病《こいのやまい》・恋病《こいやまい》

相手を恋い慕うあまりに、心身が病気にかかったような状態になること。**恋わずらい**。

春負《はるまけ》

恋わずらいのこと。

春まけは　いしゃの手ぎはに
いけぬ也
雑俳『柳多留《やなぎだる》』

恋侘《こいわ》ぶ

恋にもだえ悩むこと。

恋ひわぶる　涙や空に　曇《くも》るらん　光も変る　閨《ねや》の月影
権中納言公経

恋愁《こいうれ》う

恋い慕うあまり、気がかりでたまらなくなること。恋しさがあまって、思い悩んでしまうこと。

恋ひうれへ　ひとりながむる　夜半の月　かはれや同じ　影も恨めし
従二位為子

恋嘆《こいなげ》く

恋い焦がれて嘆くこと。

恋《こい》泣《な》く

恋い焦がれて泣くこと。

「北の方、しばしは見苦しきまで恋ひ泣きけれど」　『落窪物語』

泣恋《なきこ》う

泣きながら恋い慕うこと。

泣き恋ふる 涙に袖の そほちなば
脱ぎかへがてら 夜《よる》こそは着め　橘清樹

恋水《こいみず》

恋しいあまり流れ出る涙。**恋の涙**。若返りの霊水「変若水《おちみず》」の誤記とも。

「こひみづ　恋水の義、涙をいふ也といへり」『和訓栞《わくんのしおり》』

恋痩《こいやせ》・思痩《おもいやせ》

恋するあまり苦しみ、やせてしまうこと。

恋痩に 鱣《うなぎ》さかせる すぢ違ひ　雑俳『柳多留《やなぎだる》』

柳《やなぎ》の糸《いと》

恋慕の情に思い悩むこと。糸のように細い柳の枝がゆれる様子を、恋心がゆれるのにたとえている。

我《わ》がかざす 柳の糸を
吹き乱る 風にか妹《いも》が
梅の散るらむ
よみ人しらず『万葉集』

思う相手

恋人《こいびと》

その人が恋しく思っている相手。現代では、お互いに愛し合っている場合の相手をいう。

こいびとに なってくだ
さいますか 吽《うん》
大西泰世

恋君《こいぎみ》

「いとしいあなた」の意。

恋男《こいおとこ》・恋女《こいおんな》

女が恋い慕っている男。男が恋い慕っている女。

思《おも》い人《びと》

恋い慕っている相手。後世では側室、妾《めかけ》の意に多く用いる。「**思われ人**」とも。

わたつ海《み》の 沖に火もゆる
火の国に 我あり誰《た》そや
思はれ人は
柳原白蓮

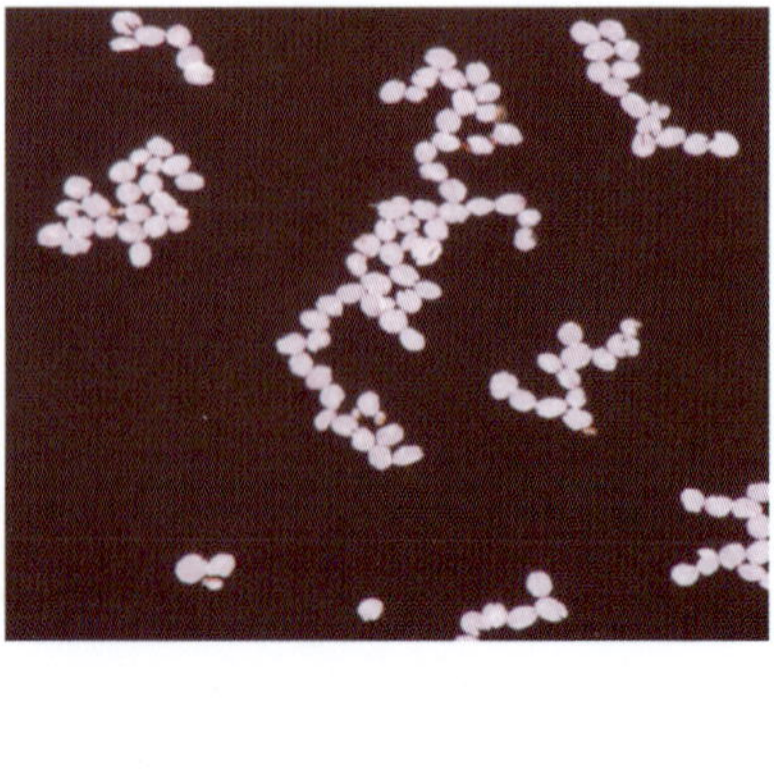

泡沫人《うたかたびと》

水面の泡のようにはかなく死んでゆく人をいうが、歌語では恋い慕いながら、思いの届かない相手をいう。

思ひ河 たえず流るる 水
のあわの うたかた人に
あはで消えめや
伊勢

恋の私がたり ①

早く逢いたい――良寛

老年になって若い人から慕われたら、しわも伸びる気がすることでしょう。恋をすることの効用です。

越後・国上山《くがみやま》の五合庵《ごごうあん》でわし（良寛）は乞食《こつじき》僧として独りの暮らしを楽しんでいたが、冬場の暮らしが老骨にこたえるようになり、人の世話で乙子《おとご》神社の小屋へ、ついで和島村の木村家の薪小屋へ移った。

春、托鉢の旅から帰ってくると、小屋の中に目もあやな手鞠《てまり》がある。それに歌が添えてあって、貞心尼《ていしんに》、と記してあった。見ず知らずの人だったが、なぜだかわしの心は手鞠のようにはずんだ。

お返しの歌を贈ったのが夏。秋の初めにその人がやって来て、「先生にお会いできて、うれしくて夢のようです」と言うではないか。老人のわしをこんな若くてきれいな尼僧が慕ってくれるとは有り難いこと。わしも夢を見ることにしよう。

貞心尼の庵《いおり》は聞けば歩いて小一日かかる上に渡しにも乗るのだという。その日は法《のり》の道や和歌のことなど物語しているうちに、月が上ってきた。わしが月の歌を詠んで、もう遅い時刻だと告げると、いいではありませんか、といっかな動かない。愚僧はたじたじであった。再会を約して別れた。

貞心尼はそれからしばしば訪ねてきたが、ある時ふっつり途絶えた。これはさみしいものだ。「きみやわする　みちやかくる、　このごろは　まてどくらせど　おとづれのなき」（忘れたのか道が隠れたのか、このごろはちっとも来てくれないね）という歌を贈った。わしは心をいつわる歌は詠まない。わしにはもう何の用事もないが、貞心尼にはあるのだろう。片づけて逢いに来てくれた。

雪の深い越後の冬は、小屋に閉じこもったままになる。足がだるく、腹が痛い。貞心尼に、春になったら、すぐに来てくれ、と手紙を出した。それからわしは布団の上に正座し、南無阿弥陀仏と唱え申し上げた。

あづさゆみ　春になりなば　草の庵《いほ》を
とく出て来ませ　逢ひたきものを

良寛《りょうかん》（一七五八―一八三一）江戸後期の歌人・詩人。越後の名主の長男だった。二十二歳のとき出家。子どもにも大人にも「良寛さま」と慕われた高僧。書もよくした。六十九歳のとき二十九歳の貞心尼と出会い、師弟愛が生まれた。

Ⅱ章

恋の夏

光の中でも恋の光はひときわ強烈である

呼び名欲し　吾が前にたつ　夜の娼婦　　佐藤鬼房

掲出句の作者・佐藤鬼房《おにふさ》（一九一九―二〇〇二）は岩手県生まれの俳人。暗がりで、中年の男の前にセクシーな身なりの見知らぬ女が立ったら、その人は間違いなく娼婦である。一九五七年、売春防止法が施行されて以後、娼婦は顔と名を失った。

男は通り名でもいい、女の名を呼んで、その場の緊張感から逃れたいのだが、それはあり得ないことだった。名前は人間関係をつくるよすがだが、それは要らないと、彼女の中の荒野を吹く風は叫ぶのだ。その風に鬼房は吹かれた。

これは名をめぐるすさまじい局面だが、ひるがえって思い出されるのは、『万葉集』巻頭の陽光がそそぐ野辺での雄略天皇の長歌である。

「……この岡に菜摘ます児《こ》　家告《の》らせ　名告らさね……」と、天皇は畑の菜を採り入れている乙女に、どこの家の者か、名は何というのか、とのびやかに問いかける。男が女に名をたずねるのは、上代では求婚の意思表示だった。女が自分の名をみだりに家族以外の者に明かすのは、忌むこととされていた。名前には霊魂が宿っていると考えていたのだろう。女はそれをかたく秘して守らなければならなかった。

王朝時代は『源氏物語』をはじめとして女房文学の傑作が次々に誕生した時代だが、作者である彼女たちの本名がいまの世に伝わらないのも、上代と地続きだったのだなと思う。ともあれこの時代には〈恋のことば〉に磨きがかかった。

明るい光の中にいると、歴史の上でも何でも影の部分は打ち忘れられたり、見えなくなったりするが、光の中でも恋の光はひときわ強烈である。恋の渦中にあっては、まぶしくて、他が見えなくなるほどである。光の輪から離れると、悔恨や悲しみがやって来るが、それは次章以下に。

求愛

恋文《こいぶみ》

恋い慕っている気持ちをつづった手紙。**艶書**《えんしょ》。**艶文**《つやぶみ》。**色文**。**懸想文**《けそうぶみ》。**色玉章**《いろたまずさ》。**付文**《つけぶみ》。**ラブレター**。若い貴族たちは、二枚重ねの美しい料紙に和歌をしたため、折り枝に結んで文使いに託し、意中の姫君のもとへ。

恋文は　短きがよし
シクラメン
成瀬櫻桃子

銭がなうて　生野《いくの》も遠し
懸想文
牧童
（生野＝「大江山いく野の道の遠ければまだふみも見ず天の橋立」（小式部内侍）より）

色目《いろめ》

異性の気を引くような目つき。流し目。恋する気持ちを目にあらわすこと。思いが表れている顔色やそぶり。**色目遣**《いろめづかい》。

秋波《しゅうは》

美人の涼しい目もとをいうが、媚びをふくんだ目つきをもいう。**流し目**。「秋波を送る」とは、男性の関心をひくために色っぽい目つきで、ちらと見つめること。左から右に流すのが効果的とか。

蕩《とろ》めかす

うっとりと見とれた目つきをすること。

扇《あふぎ》の陰《かげ》で目をとろめかす
主《ぬし》ある俺《おれ》をなにとかしよ
うか　しようかしようか
しよう
歌謡『閑吟集』

恋《こい》の瀬踏《せぶみ》

恋の成否を確かめるため、相手の気をひいてみること。「瀬踏」とは、川の瀬の深さを、実際に足を踏み入れて測ること。

「苔のむすまでと神かけてのちかひ、彌《いよいよ》恋の瀬ぶみをわたり」
浮世草子『御前義経記』

恋《こい》の罠《わな》

相手が自分に恋心をおこさせるようにしかける手段。相手を恋におとしいれるたくらみ。**恋の懸綱《かけつな》**。

「先へころりと転寝《うたたね》は、恋のわなとぞ見へにけり」
浄瑠璃『義経千本桜』

色鎌《いろがま》

女の持つ鎌の意で、意中の人を射止めるために誘うこと。

据《す》え膳《ぜん》
すぐに食べられるよう食事を人前に出すことだが、転じて「いいわよ」とでもいうように、積極的に男性に恋愛の誘いをすること。

夜這《よば》い
「呼ばひ」の意で、異性に対して結婚を求めて声をかけること。言い寄ること。恋人のもとへ忍んで通うこと。とくに夜、男が女の寝所へ忍び入って情を通じること。

七夕の　けふのよばひの
うちかへりまた待ち遠に
ものや思はむ
和泉式部

をり姫に　推参したり
夜這星
一茶

恋尽《こいづくし》

恋にさまざまなてだてを尽くすこと。恋愛にありたけの心を尽くすこと。

「おかみけなる恋づくし、いやともあふともいはせぬ情」

井原西鶴『西鶴置土産』

（おかみけなる＝公家風の。上品な）

恋《こい》が効《き》く

恋のしかけが相手の心をとらえること。恋がうまくいくこと。

「風俗当世流にして、しかも角前髪の器量よし。恋のきくさかりに、生れついて大気に」

浮世草子『傾城色三味線』

たとへば君　ガサッと落葉すくふやうに
私をさらつて行つてはくれぬか
河野裕子

恋の仲立ち

恋《こい》の橋《はし》・恋《こい》の懸橋《かけはし》

恋人同士の間に立って、その恋のとりもちをし、かけ橋になること。また、その人。

生愛染《いきあいぜん》

恋の仲立ち役。生きてこの世にいる愛染明王の意。愛染明王は恋愛成就を祈る信仰の対象。

大阪市の愛染堂勝鬘院の愛染明王。愛染まつり（6・30～7・2）と修正会（1・1～1・7）にご開帳される。
（愛染堂勝鬘院提供）

色神《いろがみ》

男女の恋を取りもつ神。人を恋愛の道へさそいこむ神。また、恋愛の道にすぐれることや色道の神のような女郎のこともいう。

「是こそ色神の引合せとよろこび、則養子と定」
浮世草子『傾城色三味線』

片結《かたむすび》

帯や紐の結び方。一方をまっすぐのままにし、他のほうで丸い輪をつくり、一方のまわりを回して結ぶ。**片手結び**。**片膝結び**。

諸共に いつかとくべき
あふ事の かたむすびなる
夜半の下紐
相模

（あふ事のかたむすび
＝逢うことの難《かた》いことと
片結びを懸ける）

恋の争い

恋争《こいあらそい》

恋人をわがものにしようとして他の人と争うこと。**妻争《つまあらそい》**。

恋《こい》の鞘当《さやあて》

恋争をすること。また、その争い。遊里で一人の遊女をめぐって二人の武士が鞘当をする歌舞伎の題材から。鞘当とは、すれちがったときに互いの刀の鐺《こじり》が当たったのをとがめたてすること。また、それから転じて、ちょっとした意地からおこったけんかのこと。

恋敵《こいがたき》

恋の競争相手。自分が恋する人に、同じく恋している人。自分の恋愛を妨げる、または恋人を奪おうとする人。**色敵《いろがたき》**。

鞦韆《しゅうせん》は漕ぐべし愛は奪ふべし

三橋鷹女《みつはしたかじょ》

恋の成就

恋愛《れんあい》・愛恋《あいれん》
男女が恋い慕うこと。

恋愛者《れんあいしゃ》
恋愛をしている人。恋人どうし。

恋愛振《れんあいぶり》
恋愛をしているときの様子。恋の仕方。

会《あ》う恋《こい》・逢《あ》う恋《こい》
思いがかなって男女が結ばれることのできた恋。

諸思《もろおもい》
男女双方が互いに相手を恋い慕うこと。

いとしがり いとしがられて にくき時 にくまるるさへ 諸おもひかな
狂歌『詠百首誹諧』

諸恋《もろごい》
互いに恋し合うこと。

「あやしくそむきそむきに、さすがなる御もろ恋なり」 紫式部『源氏物語』

心行《こころゆ》く

思う心が相手に届くこと。

天雲《あまくも》の　そきへの極《きは》み
遠けども　心し行《ゆ》けば
恋ふるものかも
丹生女王《にうのおおきみ》
（そきへ＝遠くへだたった所）

得恋《とくれん》

恋が成就すること。

「柔弱豆腐の如き得恋よりは、寧ろ僕は烈々火の如き失恋をとるんだ」
里見弴『桐畑』

相惚《あいぼれ》

男女が互いに愛し合うこと。また、愛し合う恋人同士。**相思相愛**。**両思い**。

相合傘《あいあいがさ》

男女が、身を寄せ合って一本の傘に入ること。**最合傘**《もやいがさ》。**相**《あい》**傘**《がさ》。恋仲の男女をいいはやす落書きは、傘の絵の左右に男女の名を並べて書く。

「お二人で一本だ、相合傘といふやつはナカナカ意気なものですから」
島崎藤村『千曲川のスケッチ』

毎日抱きたいから――東歌の歌人

古代の、とくに『万葉集』東歌《あずまうた》の恋人たちには屈託がありません。なかには臆病な男や人目を気にする女もいましたが、多くは大風に吹かれるように、波にぶつかるように、好きな人にまっすぐ向かい、肌を合わせるのでした。純粋で、奔放な恋はまぶしいばかりです。

多摩川の水がうたうのを、おれ（『万葉集』東歌の歌人）は聞いた。「さらさら」「ころころころ」と水はうたっている。川の中に入ると聞こえてくる。歌をうたうのに、字はいらない。字を知らなくても、歌はひとりでに湧いてくる。川の水とおんなじさ。あの子もいい声でうたうし、歌をたくさん知っている。あの子は糸をつむぎ、布を織ることができる。多摩川に布をひろげ、さらさら晒すこともできる。いい手といい足をしている。

おれはあの子のすがたが見えるところで、鮎を釣っている。

空中で鮎が光る。

あの子はおれのところに来ようとして、苔のついた石を踏んでころびそうになった。すばやくおれがささえてやると、おれの腕の中でころころ笑う。周りの者がはやしてるので、

「この子がかわいくて、もう離れられないんだ」

と、のろけてやった。おれはたっぷり水を浴びせかけられた。

じっさいどうしてこんなにあの子がかわいいのか、ますます好きになっていくのか、おれには考えてもわからん。毎日抱きたいから、毎日行くさ。

しばらくすると、おれたちのほか誰もいなくなった。水がうたっていた。水がおれたちの結婚を祝ってくれていた。

多摩川に　さらす手作り　さらさらに
何ぞこの児《こ》の　ここだかなしき

『万葉集』東歌は、巻第十四に収録されている東国民衆の歌。どの歌も、よみ人しらずで、方言が使われている歌が多い。

それぞれの恋

本恋《ほんこい》
かりそめではない真実の恋。

一時恋《いっときこい》
わずかの間の恋。あっという間の短い恋。

遠《とお》き恋《こい》
遠くにいる恋人を思う恋。または、遠くにいる恋人をたずねていく恋。現代では「**遠距離恋愛**」とも。

三鬼にも きみにも遠き
恋ありて しのばゆ夜の
桃甘ければ
今野寿美
（三鬼＝西東三鬼《さいとうさんき》。俳人）

武蔵野《むさしの》の恋《こい》
武蔵野は広大であるところから、おおらかな恋。江戸時代の浮世草子に見られる語。

空《そら》なる恋《こい》

心の落ち着かない恋。地を離れたように、うわの空になる恋。

この山の 峰《みね》に近しと
我《あ》が見つる 月の空《そら》なる
恋もするかも
よみ人しらず『万葉集』

糸《いと》による恋《こい》

糸のように細く、いまにも切れてしまいそうな心細い恋。

糸による 物ならなくに
別れ路の 心細くも おも
ほゆるかな
紀貫之

あの夏の 数かぎりなき そしてまた
たつた一つの 表情をせよ
小野茂樹

結婚

八雲《やぐも》立つ　出雲八重垣《いづもやえがき》　妻籠《つまご》みに
八重垣作る　その八重垣を
『古事記』

許嫁《いいなずけ》・許婚《いいなずけ》

双方の親同士の話し合いで、幼いうちから結婚を約束されている男女。**婚約者**。**フィアンセ**。

妻定《つまさだめ》・夫定《つまさだめ》

夫または妻となる人を決めること。つれあいを選び定めること。

「妻定めの事については少し考も有之」
徳富蘆花『思出の記』

妻籠《つまごめ》・夫籠《つまごめ》

妻（夫）とともにその中にこもり住むこと。相愛の男女がともに過ごすこと。また、妻としてこもらせること。また、「つまごもり」と読む場合は、妻を求めて神仏に祈願して堂にこもることをいう。

プロポーズ

とくに結婚を申し込むこと。求愛すること。

男よ　何故言わない？
一杯のコーヒーが熱いあいだに
何故言わない？
きみが欲しい
と
遠まわしのプロポーズで
美辞麗句で
何故ちっぽけな茶碗のふちを万里の長城にしてしまうのだ？

新川和江
「ノン・レトリックⅡ」

縁《えん／えにし》

ゆかり。つながり。「えにし」と読む場合、多く男女間についていう。

愛縁奇縁《あいえんきえん》・合縁奇縁《あいえんきえん》・相縁奇縁《あいえんきえん》

人と人とが結びつくのも、すべて因縁によるということ。とくに男女、夫婦、友人などの巡り合わせについていう。

幾とせか　あひえんきえん
女夫星
方孝

「譬へ一夜といへども、百夜の契りを結ぶは客の才不才に有か。将娼妓《はたけいせい》の愛《あい》縁奇縁《えんきえん》によるならん耶」
洒落本『廓宇久為寿』

契《ちぎ》り

夫婦関係の約束を固くかわすこと。男女が会って情をかわすこともいう。「契《けい》」は約束の意味。

「月に二度《ふたたび》ばかりの御契《ちぎ》りなめり」
紫式部『源氏物語』

思ひ出《い》でて　夜《よ》な夜《よ》な月に
尋ねずは　待てと契りし
仲や絶えなん
藤原良経

契《ちぎ》り語《かた》らう

約束を親しく言いかわすこと。男女が夫婦関係の変わらぬことを約束し、愛のことばをかわす場合にいうことが多い。

馴《な》れ初《そ》め

恋仲になるはじめ。恋のきっかけ。

馴《な》れ合《あ》い

男女が馴れ親しみ合うこと。男女が正式な手続きをふまずに一緒になること。「**馴れ合い夫婦**」の略。

結婚《けっこん》

男女が夫婦となること。夫婦の縁を結ぶこと。**婚姻**。平安時代までは**妻問い婚**であり、男が女の家に通った。鎌倉時代以降は一般的に現代と同じ**嫁入り婚**となった。かつては同じ階級に属する家同士での縁組が原則だったが、現代では当人同士の合意による結婚が多くなった。とはいえ、晩婚化がすすみ、生涯未婚率も上がってきている。

詩はいつもはつらつと
僕のゐる所至る所につき
　まとつて来て
結婚々々と鳴いてゐた
僕はとうとう結婚してし
　まつたが
詩はとんと鳴かなくなつ
た

山之口貘「結婚」

水の婚　草婚　木婚
風の婚　婚とは女を
昏《くら》くするもの

道浦母都子

花嫁《はなよめ》

結婚したばかりの嫁。また、結婚式でこれから嫁となる女性。**新嫁**《にいよめ》。**新婦**。「花」は、はなやかな盛りをいうことば。

ジューン・ブライド

「六月の花嫁」の意味。六月は西洋では女性と結婚生活の守護神ジュノー（天空神ジュピターの妻）の月とされ、この月に花嫁となる女性は幸福になるといわれる。六月は日本では梅雨だが、結婚式の礼装が夏物で簡略でいいと参加者に喜ばれることも。

花婿《はなむこ》

結婚したばかりの男性。また、結婚式で婿になる男性。**新郎**。

初夜《しょや》

新婚の夫婦が初めてむかえる夜。

妻《つま》・夫《つま》

夫婦、恋人が互いに相手を指す称。現代では、短詩型文学をのぞけば、男性の結婚相手である女性をさしていう用法だけが用いられる。とくに法律では、婚姻関係にある女性。

妻《つま》のこ・夫《つま》のこ

親しんで恋人や夫婦のもう一方を呼ぶ語。「こ」は親愛の気持ちを表す語。

佐保《さほ》渡り　我家《わぎへ》の上《うへ》に
鳴く鳥の　声なつかしき
愛《は》しき妻の児《こ》
安都年足《あとのとしたり》

妻衣《つまぎぬ》

衣は常に身につけて離さない物であるところから、妻をいう語。

「かくれなかりし祐成の、
その妻ぎぬと菊の名の
……」
謡曲「伏木曾我」

妹《いも》

上代の夫婦、あるいは恋愛関係にある男女の間で男が女を呼んだ語。**吾妹子**《わぎもこ》とも。女は男を「**背**《せ》」「**背**《せ》**子**」「**兄**《せ》」と呼んだ。

刈菰《かりこも》の　思ひ乱れて
我《われ》恋ふと　妹《いも》知るらめや
人し告《つ》げずは
よみ人知らず『古今和歌集』
（刈菰の＝「乱る」に懸かる枕詞）

恋《こい》の結晶《けっしょう》

男女の間に子どもができること。またその子ども。

恋女房《こいにょうぼう》

恋しあって結婚した妻。結婚後も深く愛している妻。

恋女房　桜ざめには
かかわらず

雑俳『柳多留《やなぎだる》』

相生《あいおい》・相老《あいおい》

夫婦がともに長生きすること。

共白髪《ともしらが》・諸白髪《もろしらが》

夫婦そろって年を重ね、ともに白髪になること。夫婦そろって長命であることのたとえ。「**偕老同穴《かいろうどうけつ》**」は、ともに老い、同じ墓に入るということ。

「昔々、おさななじみより共しらがの祖父と祖母有」

咄本『私可多咄《しかたばなし》』

結婚する

いつも誰かの電話が気になっていたこと
何もしなくてもいい一日があったこと
暗くなるまで詩を書いたこと
横着だと責めない男たちと
野山を歩いたこと
晩ごはんをぬいたこと
バスの中から夕暮の街を見ていたこと
いつもご破算にできると思っていたこと
さようなら

愛の日々

くちづけ

キス。**接吻**《せっぷん》。**口口**《くちくち》。「**口吸**《くちすい》」（音読みで「こうきゅう」とも）は、接吻の古い言い方。

「罷《まかり》出たる大橋とくちくちするで候也」
歌舞伎『幼稚子敵討』

一度にわれを 咲かせるように くちづける ベンチに厚き 本を落として
梅内美華子

抱《だ》く・抱《いだ》く

腕で抱えるように持つこと。または「女と寝る」ことの婉曲表現。

抱《いだ》くとき 髪に湿りの のこりいて 美しかりし 野の雨を言う
岡井隆

帯紐《おびひも》解《と》く・下紐《したひも》解《と》く

帯紐を解くと、体が休まり、くつろげることから、男女がうち解けて枕をかわすこと。女が男に肌を許すこと。「下紐解く」も、衣を脱ぐことから同じ意味。相手に思われていると自分の下紐が自然に解けるという俗信もある。

我妹子《わぎもこ》し 我《あ》を偲《しの》ふらし 草枕 旅の丸寝《まろね》に 下紐《したびも》解けぬ
よみ人しらず『万葉集』

目合《まぐわい》

目と目とを見合わせて愛情を通わせること。めくばせ。男女が性交する意味も持つ。『古事記』国生み神話では、イザナギノミコトがイザナミノミコトに「みとのまぐはひを為《せ》む」と仰せになったとある。

新枕《にいまくら》

男女が初めていっしょに寝ること。**初枕**《ういまくら》（「はつまくら」とも）。**新手枕**《にいたまくら》。

あらたまの としの三年を 待ちわびて ただ今宵こそ 新枕すれ
『伊勢物語』

忘るなよ むすぶ一夜の 新枕 夢ばかりなる 契なりとも
よみ人しらず

手枕《たまくら》

腕を枕とすること。とくに男女が共に寝るときに、相手の腕を枕にすること。**腕枕**。

春の夜の 夢ばかりなる 手枕に かひなく立たむ 名こそ惜しけれ
周防内侍
（かひな＝腕《かいな》と甲斐なく（ふがいなく）の掛け詞）

雲雨《うんう》

巫山《ふざん》の神女が雲や雨となって楚の懐王と契ったという中国の故事から、男女が性的にまじわること。男女仲がむつまじいこと。

睦言《むつごと》

夫婦、恋人同士などの男女がむつまじく語り合う話。とくに寝室での語らいは、意味をなさないことも。

睦言《むつごと》も まだ尽きなくに
明けぬめり いづらは秋の
長してふ夜《よ》は

凡河内躬恒《おおしこうちのみつね》

喋々喃々《ちょうちょうなんなん》

小声で親しげに話し合う様子。また、男女がむつまじく語り合う様子。

「これじゃまるで、御二人の喋々喃々じゃないの。我々は毎回、それを聴かされてるだけじゃないの」

武田泰淳『風媒花』

体温計くわえて窓に 額つけ
「ゆひら」とさわぐ 雪のことかよ
穂村弘

私語《ささめごと》

ひそひそ話。ないしょ話。とくに、男女間の恋の語らいをいう。

やらずの雨《あめ》

帰ろうとする人を、まるでひきとめるかのように降ってくる雨。

恋語《こいがたり》

恋の語らい。恋の物語。

さはいへど 君が昨日の
恋がたり ひだり枕の
切なき夜半よ

与謝野晶子

抱かれて息がつまったっけ――橋本多佳子

夫を亡くした女性は、孤閨《こけい》のさみしさや悲しみを誰はばかることなくあらわにしてもいい。ずっと孤り身の女性は、それを自慢そう、と見たりします。世の中は複雑です。

夫になる人に出会ったのは私（橋本多佳子）が十八の時でした。すぐに婚約・結婚と運び、実業家の夫は結婚記念に十万坪の農場を拓き、海の見える丘の上に三階建ての洋館を築きました。敷地には円形の舞台やテニスコートを。私の着るものはすべて夫が選びました。私を理想の女性に仕立て上げるべく、書や絵画、茶道、ピアノを習わせました。でも私が深入りしそうになると、「もういい」と言って辞めさせました。私を自分の手の届く範囲に置いておきたかったのでしょう。

この館に俳人の方々をお招きして、句会がひらかれたとき、見学しているだけだった私は、俳句を勉強してみたいと、初めて強く自分から思ったのです。幸い夫の許しが出て、少しずつ私は新しい道に足を踏み入れていきました。

人さまにも羨まれたこんな結婚生活は二十年で終わりました。夫は亡くなる前、自分の戒名とともに、私のも作らせました。夫を失った女は「未亡人」になるしかないのです。

片時も私を離さずいとおしんでくれた人ゆえ、死なれてみると、四人の娘に恵まれはしましたものの、髪の毛の先まで淋しい日があるのでした。

戦局が激しさを増して、奈良の山村に疎開、私は慣れぬ畑仕事もしました。夜には青葉木菟《あおばずく》が不気味な声で鳴きます。大農場も只同然に買い上げられて、夫が生きていたころとは何もかも、さま変わりしてしまいました。

牡鹿が背を地にすりつけて妻を恋うすがたを見、荒々しい息を吐くのを聞いたりすると、夫を亡くした私の中の女が声を上げるのでした。

雪はげし　抱かれて息のつまりしこと

橋本多佳子（一八九九—一九六三）　俳人。東京生まれ。実業家の橋本豊次郎と結婚、福岡県小倉市に住む。杉田久女のち高浜虚子、山口誓子に師事。「天狼」同人。句集『海燕《うみつばめ》』『紅絲《こうし》』『海彦』など。

朝の別れ

暁《あかつき》の恋《こい》・暁恋《あかつきのこい》

夜が明けようとして、まだ暗い頃の恋。共に夜を過ごした恋人たちにとって、暁は忌まわしい刻限である。歌の題として『金葉集』や『月詣和歌集』『万代和歌集』『六百番歌合』に見られる。

『水無瀬恋十五首歌合』
二十一番「暁恋」より

忘れずよ いまはの心
つくばねの 峯のあらしに
有明の月

左勝 家隆

涙さへ 鴫の羽がき かき
もあへず 君がこぬ夜の
あかつきの空

右 雅経

暁《あかつき》の別《わか》れ

女と夜をともにした男が翌朝に女の家を出ること。

「暁の別れは、かうのみや心づくしなる。思ひ知りたまへる人もあらむかし」
紫式部『源氏物語』

みだれ髪《がみ》

ほつれ乱れた髪。髪は生命の象徴であり、胸の思いや怨念のあらわれとも考えられてきた。**寝くたれ髪**。

長からむ 心も知らず
黒髪の 乱れて今朝は
物をこそ思へ
待賢門院堀河

くろ髪の 千すじの髪の
みだれ髪 かつおもひみ
だれ おもひみだるる
与謝野晶子

後《のち》の心《こころ》

恋人に逢って思いを遂げた後の心。

あひ見ての 後のこころに
くらぶれば 昔は物を
おもはざりけり
藤原敦忠

後朝《きぬぎぬ》・衣衣《きぬぎぬ》

平安時代、男女が共寝をし、ふたりの衣を重ねてかけて寝て、翌朝別れるときにそれぞれ自分の衣をとって身につけるが、その互いの衣のこと。「**後朝の恋**」は、男女が、共に夜を過ごした翌朝、別れを惜しむ恋心をいう。男は私宅に帰ると「**後朝の歌**」を詠んで女に送り、女はそれに返歌をする。中世以後になると、この語は男女が別れる意に転じる。**後朝の別れ**。後朝は「こうちょう」「ごちょう」とも。

しののめの ほがらほが
らと 明けゆけば おの
がきぬぎぬ なるぞかな
しき
よみ人しらず『古今和歌集』

きぬぎぬの 跡は身になる
ひと寝入り
『柳多留』

袖《そで》の移《うつ》り香《が》

恋人と過ごし、別れたあとに衣に残っている匂いのこと。

Ⅲ章　恋の秋

幸せになりましたとさ、では人生は終わらない

白妙《しろたへ》の 袖のわかれに 露おちて 身にしむ色の 秋風ぞ吹く　藤原定家

秋風は直ちに「飽き風」ではないが、恋の情緒を運ぶ風であることは間違いない。この歌の作者・藤原定家（一一六二―一二四一）は『百人一首』の編者として知られる歌人である。

「袖のわかれ」は、男女が互いの衣をかさねまとって共寝した夜が明け、めいめいの袖に手をとおして別れることで、いわゆる「後朝《きぬぎぬ》の別れ」のこと。袖の「露」は涙の譬《たと》え。直截《ちょくせつ》的な表現は用いず、「身にしむ色の秋風」と、上品にことばを選んでいる。その色は「白妙」であろう。調べはなめらかで、技巧は冴え、まるで後朝の歌のお手本のようだ。

この時代は男女間で歌の贈答がつづき、結婚後しばらくして、男のほうに他に通うところができたり、うっとおしくなったりして、訪れがま

れになることがある。女は男の訪れを待つよりなかったので、女の歌のほうによけい涙がつきまとった。儀礼的な涙もあったが、しんじつ恨みつらみの涙もある。恨みをぶつける歌もあった。

つれもなき 人をしもやは しのぶべき 妬《ねた》さも妬き わが心かな

相模《さがみ》

相模は平安後期の女性歌人。「つれもなき」はつながりもなき、が元の意で、無情、つれない、ということ。煩悶《はんもん》を投げつけた感じの歌で、こういう歌をもらった男はまずたじろぐことだろう。怖い女だと思ったかもしれない。しかししとやかな女も怖い女になるところが、恋の恐ろしさでもあろう。修復は不可能だった。

恋が結ばれ、おとぎばなしのように、幸せになりましたとさ、では人生は終わらない。そもそも配偶者の選択を間違えたとか、同居の義母と折り合いが悪かったとか、倦怠期《けんたい》に入ったとか、さまざまな散文的要因によって、二人の間にひびが入ることもある。ひびを塗り込めてまたやっていく人たちもいれば、別々のところで再出発を考える人たちもいる。

ところで「老いらくの恋」の季節はいつなのか迷うところだが、秋の章に入れた。寒気の中に華やぐ紅葉のような感じがするので。

妨げるもの

恋《こい》の柵《しがらみ》

互いに恋い慕う仲を隔てて、恋愛の成就を妨げるもの。柵は、水流をせきとめるための設備。

「恋の柵《しがらみ》涙川のふかくぞおもひこみ」
浮世草子『懐硯』

恋《こい》の関《せき》・恋《こい》の関《せき》の戸《と》

恋を妨げること、またはそのもの。

恋《こい》の関守《せきもり》

恋を妨げる人。関所の番人にたとえている。

人知れぬ わが通《かよ》ひ路《ぢ》の
関守は よひよひごとに
うちも寝ななむ
『伊勢物語』

妻恋《つまごい》・夫恋《つまごい》

互いに相手を恋い慕うこと。歌では離れた相手を恋う場合に使うことが多い。

さつきやみ かみなびやま
の ほととぎす つまこひ
すらし なくねかなしも
源実朝

恋《こい》の奴《やっこ》

恋を擬人化して、おさえられない恋心を憎んでいう語。恋というやつ。**恋奴**。

ますらをの 聡《さと》き心も 今
はなし 恋の奴に 我《あれ》は死
ぬべし
よみ人しらず『万葉集』

恋の苦しみ

恋《こい》の重荷《おもに》

せつなさや苦しさなど、恋愛のためにつのる堪えがたい思いを、重い荷物を背負う苦しさにたとえた語。世阿彌作の謡曲に「恋重荷」がある。

恋《こい》の持夫《もちぶ》

恋の重荷を持ち運ぶ人夫の意で、恋のために苦しむ人のこと。

迷恋《めいれん》

恋に迷い、苦しむこと。

乱恋《みだれごい》

理性を失い、思い乱れること。

山菅《やますげ》の 乱れ恋のみ せしめつつ 逢《あ》はぬ妹《いも》かも 年は経《へ》につつ
「人麻呂歌集」『万葉集』

狂恋《きょうれん》

正気を失うほどのはげしい恋をすること。また、その恋。

恋《こい》の闇《やみ》

恋のために理性を失った状態を闇にたとえた語。**恋の闇路**。

恋の闇 はれて今宵の
夫婦星

雑俳『冬木立』

「恋の闇路へ這入った者
には、恐ろしさもなく恥
かしさもない」

谷崎潤一郎『魔術師』

愛染堂（北向観音提供）

酷愛《こくあい》

非常に愛すること。

少年にして肉たるむ 酷愛
の日をくちなはと ともに
泳ぎて

寺山修司

盲愛《もうあい》

むやみに愛すること。**溺愛**。
親子間にもいう。

愛染《あいぜん》

仏語。むさぼり愛し、それに執着すること。**愛着**《あいじゃく》。川口松太郎の小説『愛染かつら』は、長野県別所温泉の北向《きたむき》観音境内の愛染堂とカツラの古木に着想を得たといわれる。

愛染かつら（北向観音提供）

愛《あい》河《が》

仏語。人は愛欲におぼれやすいことから、それを河にたとえた語。愛欲などの執着が人をおぼれさせること。

「苦海・愛河の世は定めなく、弘誓《ぐぜい》の船出遠ければ」

曲亭馬琴『南総里見八犬伝』

恋《こい》沈《しず》む

みだらな肉欲におぼれること。「沈」は「酒色にふける」の意の「耽」に通じることから。

愛《あい》憎《ぞう》

愛することと憎むこと。**愛《あい》悪《お》**。

身《み》を焼《や》く

恋慕や嫉妬などの激しい思いで、身もだえするほど、人を恋したり怨んだりすること。

来《こ》ぬ人を まつほの浦の
夕なぎに やくやもしほの
身もこがれつつ

藤原定家

（まつほの浦＝松帆の浦。淡路島北端。待つを懸ける）

やきもち

好きな人がほかの人と過ごしたりしているのを知り、嫉妬すること。嫉妬することを「焼く」というところから、餅をそえて言った語。

嫉妬《しっと》

愛し合う男女間に第三者の入ったときの競争心や憎悪の心。

嫉妬されしほどの幸もあらざりき 涙にじみて葱切るわれは

生方たつゑ

徒《あだ》の悋気《りんき》

他人の恋愛を見ておこす、むだなやきもち。**岡やき**。

「人のねがひも我ごとく、たれをか恋のいのりぞと。あだのりんきや法界寺《ほうかいじ》」

近松門左衛門『曾根崎心中』

恋諍《こいいさかい》

互いに恋する者どうしのけんか。**口喧嘩**。**痴話喧嘩**。

恋《こい》の絆《きずな》

恋慕の情にひかれ、離れられなくなること。

腐《くさ》れ縁《えん》

長く続いて離れようとしても離れられない悪縁。「鎖《くさり》」の意を兼ねている。

恋疲《こいづかれ》

恋愛のために身も心も疲れること。

「心のつかれ、恋づかれ、旅の疲れに足立たず」
浄瑠璃『松風村雨束帯鑑《まつかぜむらさめそくたいかがみ》』

恋力《こいぢから》

恋につくした努力。恋の苦労。

このころの 我《あ》が恋力
記し集め 功《くう》に申《まう》さば
五位《ごゐ》の冠《かがふり》
よみ人しらず『万葉集』

恋の私がたり④

行ってしまった――狭野弟上娘子

新婚早々だったのに、何の咎《とが》めか夫が連れ去られてしまうという、とんでもない事件が起こりました。妻は泣いて無事を祈るというふうではありません。怒りの火を下す女神のような烈しさです。気の弱い夫だったら、たじたじとなるところでしょう。

あなたは行っておしまいになった。なんということでしょう。妻として、衣をかさねるうれしさも束の間、きのうは泣きながら、あなたに持たせる下衣《したごろも》を縫いました。わたし（狭野弟上娘子《さののおとがみのおとめ》）の魂のこもった下衣が、どうかあなたを守ってくれますように。わたしには信じられません。今日も明日もあさっても、あなたに逢えないなんて。

いったい何があったのですか。どうしてあなたが、奈良の都の大通りしか歩いたことのないあなたが、木の根の張った山道を踏みわけ、逢坂の関、愛発《あらち》の関を越えて、越前の味真野《あじまの》などというところに、流されなければならないのか。あなたは悪事を働くようなお人ではありません。誰かに謀《はか》られたに決まっています。どうしてあなたが罪人などと……。

いまごろ山路でどんな難儀をしていらっしゃるかと思うと、心配で心配で、何も手がつきません。わたしの魂はほとんど私から離れてしまいました。あなたが峠の神に私の名を告げて、手向《たむ》けたからかもしれません。でもいいのです。あなたがご無事でいてくれさえしたら、わたしはどうなってもかまわないのです。

わたしは天に祈ります。あなたが前に進めないように、あなたの行く手の遠い長い道のりをたぐり寄せ、折り畳んで、いっぺんに焼き滅ぼす天の火をください、と。そのために、この身が焼かれてもかまいません。

君が行く 道の長手《ながて》を 繰《く》り畳《たた》ね 焼き滅ぼさむ 天《あめ》の火もがも

狭野弟上娘子《さののおとがみのおとめ》（生没年未詳）奈良時代の歌人。後宮の蔵司に下級女官として仕えたか。夫の中臣朝臣宅守《なかとみのあそみやかもり》は勅断により越前国に配流された。どのような咎によるものかは不明である。

変わりゆく心

あき飽《あ》かる

男女が互いに恋い慕う気持ちを失うこと。

心《こころ》の秋《あき》

恋する心に飽きがきてしまったこと。「秋」を「飽き」にかけている。

しぐれつつ もみづるよりも
言《こと》の葉《は》の 心の秋に あふぞわびしき
よみ人しらず『古今和歌集』

秋《あき》の空《そら》

秋は天候が変わりやすいところから、人の気持ちや愛情が変わりやすいのをたとえた語。とくに男女の間についていう場合が多い。「男心と秋の空」、「女心と秋の空」はどちらも流布している。

恨みても いまはかたみの
秋の空 涙にくれし 三日
月のかげ

顕親門院

秋《あき》の風《かぜ》

心変わりがすること。とくに男女の仲が遠のいたことにいう場合が多い。**秋風**。

君待つと 我《あ》が恋ひ居《を》れば
我《わ》が屋戸《やど》の 簾《すだれ》動かし
秋の風吹く

額田王

来《こ》ぬ人を 待つ夕暮れの
秋風は いかに吹けばか
わびしかるらむ

よみ人しらず
『古今和歌集』

心《こころ》の花《はな》

「花」は恋のこと。それはいっとき盛りになっても、移ろいゆくものだという見方。

色見えで 移ろふものは
世中の 人の心の 花にぞ
ありける

小野小町

花心《はなごころ》

移りやすい心。花は咲いてすぐに散ってしまうところから。

をみなへし さく野べご
とに 身にしみて はな心
なる 恋もするかな

源親房

心変り《こころがわり》

気が変わること。ほかに心が移ること。**心移り**。愛情、忠誠心などが他の人に移ることにいう場合が多い。

徒心《あだごころ／あだしごころ》

まごころがなく移りやすい心。浮ついている心。**いたずら心**。あだ（徒）とは、浮ついたさま。空虚なさまをいう。

「ふかき心も知らで、あだ心つきなば、後くやしき事もあるべきをと思ふばかり也」

『竹取物語』

徒《あだ》の情《なさ》け・徒情《あだなさけ》

かりそめの情け。その場かぎりのはかない恋。

徒人《あだびと》

浮気な人。移り気な人。

「この君もいとものうくして、すきがましきあだ人なり」

紫式部『源氏物語』

徒徒《あだあだ》し

不誠実でいい加減な態度。恋に関しても移り気なこと、好色がましいことをいう。

「ただ今《いま》御年二十ばかりにおはするに、たはぶれにあだあだしき御心なし」

『栄花物語』

徒名《あだな》

男女関係についてのうわさ。または、色好みだという評判。**仇名**《あだな》。**浮き名**。**艶聞**《えんぶん》。

露深き 菊をし折れる 心
あらば 千代のあた名は
立たんとぞ思ふ

紀貫之

徒《あだ》に結《むす》ぶ

男女がかりそめに契りを結ぶこと。はかない関係を結ぶこと。**徒の契り**。**徒の枕**。**徒な枕**。

恋醒《こいざめ》

恋する気持ちがさめること。恋の熱が薄らぐこと。

おそろしき 恋ざめごころ 何を見る わが眼とらへむ 牢屋《ひとや》は無きや

与謝野晶子

薄情《うすなさけ》

長続きしないことがわかっていても、しばらく身をゆだねていたいような情愛をいう。思いやりの気持ちがないこと。はかない愛情。

恋過《こいす》ぐ

恋する心がなくなること。恋しさを忘れること。

家人《いへびと》に 恋過めやも かはづ鳴く 泉の里に 年の経ぬれば

高円広成

恋止《こいや》む

相手を恋い慕う気持ちがなくなること。恋慕の情が消えること。

直《ただ》に逢ひて 見てばのみこそ たまきはる 命に向かふ 我《あ》が恋止まめ

中臣女郎《なかとみのいらつめ》

恋無常《こいむじょう》

恋は心のままにならず、はかないということ。

夜離《よが》る

男が女のもとへ通うのがとだえること。また、男女の仲が絶えること。

ひと夜とて 夜がれし床の さ莚《むしろ》に やがてもちりのつもりぬる哉

二条院讃岐

「たのもしげなきもの。心短く、人忘れがちなる婿《むこ》の、常に夜がれする」

清少納言『枕草子』

（たのもしげなき＝頼りにならない）

縹《はなだ》

縹色（薄い藍色）の略。変色しやすいところから、心が変わりやすいこと、仲の絶えることを表す。縹色は、露草の花の色から名づけられたとされる。

紫陽花や はなだにかはる きのふけふ

正岡子規

溝

「溝ができてるんだ」
と言う
そのことばがふたりのあいだに溝をつくった
ということが
今にしてわかる
日課のようにしてあたしたちは溝を掘った
あたしなんかあたしをめくった裏側まで溝を掘っちゃって
ふりむいたときには
あなたがいなかったってわけ
ことばがつくった溝を
埋めることばを知らなかった
いまでも
知らない
詩なんか書いていても

浮気・二股

浮気《うわき》

浮わついた気持ちから他の異性へと心を移すこと。好色、多情ゆえに、妻や夫、婚約者などがありながら、他に恋愛関係を持つこと。また、そのさま。

二道《ふたみち》

同時に二人の異性を妻または夫とすること。現代では二股という。二道は二股に分かれている道のこと。

「いはば二道を掛けてゐるか、それとも自分で自分の気持がはっきりしてないか」

織田作之助『夫婦善哉』

二心《ふたごころ》

同時にふたりの人に思いを寄せること。「徒心」とも。

色かぶれ《いろ》

浮気が伝染すること。

遊びの恋

火《ひ》遊《あそ》び

危険な遊び。とくに男女の無分別な、その場限りの恋愛や情事をいう。

アバンチュール

aventure　フランス語で思いがけぬ出来事、冒険の意。日本では、危ない恋愛、火遊びをいう。

色上手《いろじょうず》

恋の手《て》管《くだ》の長けていること。女を喜ばすのが巧みなこと。またその人。

色取《いろどり》・彩《いろどり》

恋愛に巧みなこと。また、その人。**色取男**。**色取娘**。

色知《いろしり》

人情、とくに色恋の道に通じていること。また、その人。**わけしり**。対義語は**色不知《いろしらず》**。

恋知《こいしり》

恋愛の情を理解すること。色恋の道に通じていること。遊女との恋のかけひきなどに通じること。また、その人。対義語は**恋不知《こいしらず》**。**恋知顔《こいしりがお》**は、恋愛の情を理解しているような顔。また、そのさま。

「十四五から三十までの円顔、面長《おもなが》、望み次第、恋知りの初さまとて、町一番のぼっとり者」

近松門左衛門『曾根崎心中』

（ぼっとり者＝愛敬があって、ふくよかな美人）

色男《いろおとこ》

好色な男。もてる男。美男子。情夫のこともいう。**いろ**。

色女《いろおんな》

色っぽい女。情婦のこともいう。**いろ**。

間男《まおとこ》

夫のある女が他の男と密通すること。またその相手。**密夫《みそかお》**。**密男《みそかおとこ》**。

粋事《いきごと》

粋な事柄。男女間の情事。**艶事**。**色事**。

「当人も亦婦人に慕はれるなんて粋事は自分の様なものに到底有り得べからざる奇蹟と思ってゐたのださうだ」

夏目漱石『行人』

美人局《つつもたせ》

にせ物をつかませて、詐欺《さぎ》をすること。女が自分の夫や情夫と共謀して、他の男を姦通に誘い、あわや、というときに共謀の男があらわれて、それを種にその男から金銭などをゆすり取ること。**馴れ合い間男《まおとこ》**。

破滅を賭けて――在原業平

多くの姫君を泣かせたと思われる人は、自分の男っぷりを鼻にかけるような人ではなく、いっとき濃《こま》やかな心づかいを惜しまなかった人であるような気がします。

私（在原業平）のことを「色好み」や「すき者」と面と向かって言う人びともいる。しかし、いい女を垣間見て、素通りしないのが私の罪といえようか。恋の道は神もこれをいさめたもうた試しはない。

いろいろなことがあった。叶《かな》わぬ恋とて、力ずくで、ある女を盗みだしたこともあった。大雨が降り、雷が鳴る夜だった。私は女を蔵の中に入れて、戸口に立っていたが、夜が明けると、女の姿がない。鬼が女を一口に喰ってしまったのだ。そう思うほかなかったが、この女はのちに二条《にじょう》の后《きさき》（清和天皇女御高子《たかいこ》）になられた。鬼ではなくて、兄たちが奪い返したと知れた。

夢の中のようなこともあった。私が狩りの使いで伊勢神宮を訪れると、斎宮《さいぐう》は侍女に命じて、なにくれと私の面倒をみてくれた。二日目の晩、われながらどうかしているとは思ったが、この清らかな皇女に「お逢いしたい」と告げてしまった。斎宮の顔色はみるみる青ざめた。かの人の寝所に導いてくれる者などありはしなかった。私はまんじりともせずに、外のほうを見やりながら臥していた。すると、召使の童女を先に立てて、おぼろな月の光の中に立っている人がいる。

うれしや、私はかの人を自分の寝所に連れて入った――。

「君や来し　われやゆきけむ　おもほえず　夢かうつつか　寝てかさめてか（あなたがおいでになったのか、私が参ったのか、わかりません、夢かしら、うつつかしら）」という後朝《きぬぎぬ》の歌が届いた。通例は男から詠むものである。私は泣いて返歌をものした。

「かきくらす　心のやみに　まどひにき　夢うつつとは　世人さだめよ（私も何もかも分からなくなってしまいました。夢かうつつか、それは世の人が決めることです）」。

女も私も、身の破滅を賭けたのだった。次の日、狩りには出たが、心はうつろだった。晩には酒宴があり、明けてすぐ尾張の国に出立しなければならなかった。

かきくらす　心のやみに　まどひにき　夢うつつとは　世人さだめよ

在原業平《ありわらのなりひら》（八二五―八〇）　平安前期の歌人。六歌仙の一人。父は平城天皇の皇子阿保《あぼ》親王、母は桓武天皇皇女伊都《いと》内親王。容姿端麗、歌才抜群だが、漢詩文の教養はなく、世の藤原政権にすねた行動をとったと見られている。

老年の恋

老《お》いらくの恋《こい》

老人の恋愛。昭和二十三（一九四八）年、六十八歳の歌人川田順が弟子と恋愛、家出し、「墓場に近き老いらくの／恋は、恐るる何ものもなし」と詠んだことから生まれた語といわれている。

さくら花 散りかひくもれ
老いらくの 来むといふ
なる 道まがふがに

在原業平

若き日の恋は、はにかみて
おもて赤らめ、壮子時《をさかり》の
四十歳《よそぢ》の恋は、世の中に
かれこれ心配《くば》れども、
墓場に近き老いらくの
恋は、恐るる何ものもなし

川田順「恋の重荷」

黄昏恋《たそがれのこい》

中国語で、老いらくの恋の意。

色婆《いろばばあ》

老いてもなお色気のある女性。

色ばばあ しみ真実に
かわゆがり

雑俳『末摘花』

藤棚の下で初めて──斎藤茂吉

年齢差のある恋人や夫婦がいます。仲睦まじい人たちもいますが、そうでないことも。恋の波の高い低いもあるでしょう。それを乗り越えなければなりません。

私（斎藤茂吉）が私の乙女と出会ったのは、二十年連れ添った妻に家を去られた年だった。妻は私とちがってハイカラで、社交界が好きであった。この年は歌友にも死なれ、悲嘆がつづいた。私は柿本人麿研究に没頭することで、寂しさをまぎらわせた。

向島百花園で催された正岡子規三十三回忌歌会で、私は観音さまのような乙女に話しかけられた。私はこの乙女に因縁を感じた。翌月の奥秩父吟行にも、拙宅のトロロ汁を喰う会にも来てくれた。歌稿を直接みることにした。それは乙女と私の喜びであった。

翌々年の一月、乙女と私は浅草観音にお参りした。うなぎを喰った後、藤棚の下で初めて接吻《せっぷん》した。巡査が来て、交番まで二人連れていかれたが、釈放された。玉のごとき乙女と禿げ頭の老翁では、と思われたのかも知れぬ。

乙女は私に紅梅の鉢をくれた。紅の花に朝な夕な顔を近づけた。電話の声は、受話器にかぶりつきたくなるような声だった。選歌の仕事も手がつかぬ。「あなたはなぜこんなにいい女体なのですか」と私はそう手紙に書いた。この恋は秘められねばならないものだったので、もちろん手紙は焼却するように頼んだ。

私は結婚してもいい、結婚しようとささやいたこともあった。乙女がそのつもりになると、私は正気になって、ぽろぽろ泣くよりほかはなかった。私は青山脳病院の院長だが、養子の身である。歌人として営々築き上げてきた私の評判はどうなる……。

われらが恋に亀裂が入ったのは、乙女が若くない男を伴って私の前に現れたときからだった。悪党のためにわれらが純真な愛が乱され、汚されたのだった。私が嫉妬に苦しんでのたうち回るのを、さては冷酷な目で見てやろうという魂胆だったのだ。

乙女は私のもとを去っていった。私は自分の嫉妬と錯乱がしずかに消えてゆくのを見るばかりだった。

清らなる をとめと居れば 悲しかりけり 青年《をとこ》のごとく われは息づく

斎藤《さいとう》茂吉《もきち》（一八八二―一九五三）歌人。山形県生まれ。東京の開業医・斎藤家の養子となる。東京大学医学部卒。養父の次女と結婚。歌誌「アララギ」の編集責任者。一九三四―三八年、女弟子で二十八歳年下の永井ふさ子との秘められた恋愛があった。歌集『赤光《しゃっこう》』『あらたま』『白き山』など。

Ⅳ章　恋の冬

恋のいのちも、寒くてきびしい道を行く

生れ代るも　物憂からまし　わすれ草　　夏目漱石

この句の作者・夏目漱石は国民的作家といっていい人だが、若き日、親友・正岡子規の手ほどきで俳句に親しみ、以後俳句作者としても独自の句境に立つ。

掲出句は恋の題詠句で、「死恋」という前書が付されている。この他「初恋」「逢恋」「別恋」「忍恋」「絶恋」「恨恋」を題として句作を試みている。平安朝の歌合せが念頭にあって、戯れに作ったことは明瞭だが、漱石その人の存在感がこの句にはよく出ている。

「死恋」とは、死ぬほどの恋か、死んでもいい恋か、死なねばならぬ恋か、いずれにしても死ぬの、生きるの、という恋である。

「来《こ》ん世で、めおとになりましょう」と女は言ってくる。男は女をにく

からず思っているのだが、腕組みをしたままの風情である。来世など男は信じていないのだが、もし生まれ代わることができたとしても、一からやり直しはご免だな、と思っている。

なにもかも忘れてしまいたい、という激情はなく、忘れるのもけっこうだがと、一歩引いて世を眺めている「余裕派」の悠揚迫らぬところがある。女はじれったい。小説の一場面のような作りだ。わすれ草は忘憂草とも書く。中国の言い伝えによるという。

この章には恋の終りを告げる象徴的なことばや名前を収めた。冬はいのちの働きがにぶる時である。絶えだえになった恋のいのちも、寒くてきびしい道を行くのである。

理想の異性の容貌や性格にも時代の好尚があるし、恋のあらわれかたや消えかたも変わってきているだろう。それでも本質的なところは、いにしえから今の世まで何も変わっていないと思う。むかしの恋の詩や歌や物語に私たちは心を動かされるではないか。失恋や悲恋を題材とした珠玉の作品は数えきれない。

恋の終わり

失恋《しつれん》

恋に破れること。相手に拒まれたり、気持ちが通じなかったりして、恋が遂げられないこと。王朝時代には「失恋」という言い方はなく、「つれなし」『つらし』『憂し』『恨めし』（110頁）とその心をうたった。

失恋の〈われ〉をしばらく刑に処す アイスクリーム断ちという刑　村木道彦

失恋や 片頬赤い 青林檎　中尾寿美子

破局《はきょく》

事がまとまらないで、破れること。恋愛関係が終わってしまったときにも使う。

破恋《はれん》

恋にやぶれること。

悲恋《ひれん》

悲しい結末を迎える恋をいう。シェークスピアの悲劇「ロミオとジュリエット」の恋は、典型的な悲恋である。

別れ

あかぬ別《わか》れ

何らかの事情があって、心ならずも別れること。不本意な別れ。なごりの尽きない別れ。「あかぬ」は「飽かぬ」のことで不満足な意。

今ぞ知る あかぬ別《わかれ》の
暁は 君をこひちに
ぬるる物とは

よみ人しらず
『後撰和歌集』

別《わか》れ路《じ》

人と別れる道。

露しげき 野上の里の
かり枕 しほれていづる
袖のわかれ路

冷泉為秀

独寝《ひとりね》

相手がいなくて、ひとりだけでさびしく寝ること。独伏《ひとりぶし》。

なげきつつ ひとり寝《ぬ》る
夜の あくるまは いかに
久しきものとかは知る

藤原道綱母

百日百夜《ひゃくにちひゃくや》は ひとり寝《ぬ》と
人の夜妻《よづま》は何《なじ》せうに 欲
しからず 宵《よひ》より夜半《よなか》ま
ではよけれども 暁《あかつき》鶏《とり》鳴
けば床《とこ》寂し

『梁塵秘沙』

もう一度だけ会いたい——和泉式部

和泉式部《いずみしきぶ》は恋多き女の代表のような人ですが、たわむれに恋をする気持ちはなかったでしょう。深いまなざしをもつ歌から、それは察せられます。

最初の夫と離れて後、わたし（和泉式部）のところにしのんできていた人は、申してしまいましょう、為尊《ためたか》親王でした。この方との逢瀬はことにも短い間でした。病に倒れて、二十六歳ではかなくおなりになりました。

夏草が青々と茂りゆくにつけても、宮が恋しく、崩折れそうな気持ちでおりましたところへ、弟宮の敦道《あつみち》親王の使いの少年が参りまして、橘の花の枝を差し出すではありませんか。「五月まつ花橘の香をかげば昔の人の袖の香ぞする」という古歌がすぐに思われて、「兄のことをしのんでいますね」というお見舞いの意味だと分かります。わたしは「薫る香に　よそふるよりは　ほととぎす　聞かばやおなじ　声やしたると（それよりも橘の花に来るほととぎすの声を聞きたい。ご兄弟だから同じようなお声でしょう）」

とお返し申し上げました。女のわたしのほうから恋を仕掛けてしまったのでしょうか。

それから宮さまとわたしは離れられぬ仲となりました。宮はわたしを牛車に乗せて、宮中にお連れになるのです。車の中で契ったことも——。明け方、鶏の声がします。「にくかったので殺した」とおっしゃって、折り枝の代わりに鳥の羽にお歌を付けてくださったのには驚きました。じっさいに殺したのではありますまいが。

宮はお忍び通いが自由にならぬご身分ゆえ、ついにわたしを召人《めしうど》として宮廷に入れられました。わたしを見るために障子に穴をあける女房も出る騒ぎとなり、北の方はお腹立ちのあげく実家に帰ってしまわれました。

こうした恥ずかしき月日も宮が四年の後に亡くなられたことで、急に終わりを告げました。まぼろしを見ていたような気がいたします。

大殿《おおとの》（藤原道長）はこんなわたしを「浮かれ女《め》」と呼んで、おからかいになりますが、わたしには浮気心はなく、苦しいひとすじの恋にからめとられるばかりでした。

あらざらむ この世のほかの 思ひ出に いまひとたびの あふこともがな

和泉式部（生没年未詳）平安中期の歌人。父は越前守大江雅致、母は越中守平保衡の女。和泉守橘道貞と結婚。小式部内侍を生む。冷泉天皇第三皇子為尊、第四皇子敦道との相次ぐ恋愛事件のため夫と離別するが、後々まで心を残していた。一条天皇中宮彰子のもとに出仕。武人の丹後守藤原保昌に再嫁、夫とともに任地に下る。

離婚

離婚《りこん》

夫婦が婚姻関係を解消すること。「大宝律令」（七〇一年）には「棄妻」の規定があり、「子無き・淫泆《いんしつ》・舅姑《しゅうと》に事《つか》えず・口舌・盗窃《とうせつ》・妬忌《とき》・悪疾」の七つの条件のうちのどれかに適合した場合と定められていたが、実状に合っていたかどうかは疑わしいとされる。平安時代は妻問い婚であり、男の足が遠のけば事実上の離婚となった。現在の法律では協議離婚のほか、裁判上の離婚、調停による離婚が認められている。**離縁**。**夫婦わかれ**。

離別《さら》れたる 身を踏込で 田植かな　蕪村

少女のような お前が離婚 するのかと 老いたる父が ひとこと言いぬ　道浦母都子

去《さ》り状《じょう》

妻を離別するとき、その証明として夫の方から書いた離縁状。中世末期以降、女はこの書状がなければ、再婚できなかった。**暇《いとま》の状**。**去り文**。**去り**。**三行半《みくだりはん》**ともいい、江戸時代、庶民の間で夫から妻または妻の父兄にあてた離別状の別称で、転じて離縁すること、離縁されること、また、比喩的に関係を断つことの意も持つ。離縁する旨の文言を三行半に書く習慣からいう。

駆込寺《かけこみでら》

江戸時代、妻が逃げ込んで一定期間在寺すれば離婚が成立した寺。**縁切寺**。**駈入寺**。幕府領では鎌倉の東慶寺と上野（群馬県）の満徳寺に限られた。とくに東慶寺は一二八五年の開山から明治まで約六百年にわたり縁切りを引き継ぎ、女人救済の尼寺として世に知られた。

恋訴訟《こいそしょう》

恋愛のいざこざについて相手や他の第三者に訴えること。また、その訴え。

後妻打《うわなりうち》

本妻や前妻《こなみ》が後妻《うわなり》を嫉妬して打ちたたくこと。室町時代から江戸期にかけての習俗。前夫が後妻をめとったとき、離別された先妻がその親しい女たちをたのみ、使者をたてて予告し、後妻の家を襲い、家財などを打ち壊させたこと。当日は前妻を馬に乗せたり、おのおの竹刀を携えたりして押し寄せ、台所から乱入、待ち受けた後妻方と打ち合う。**相当打ち**。**騒動打ち**。

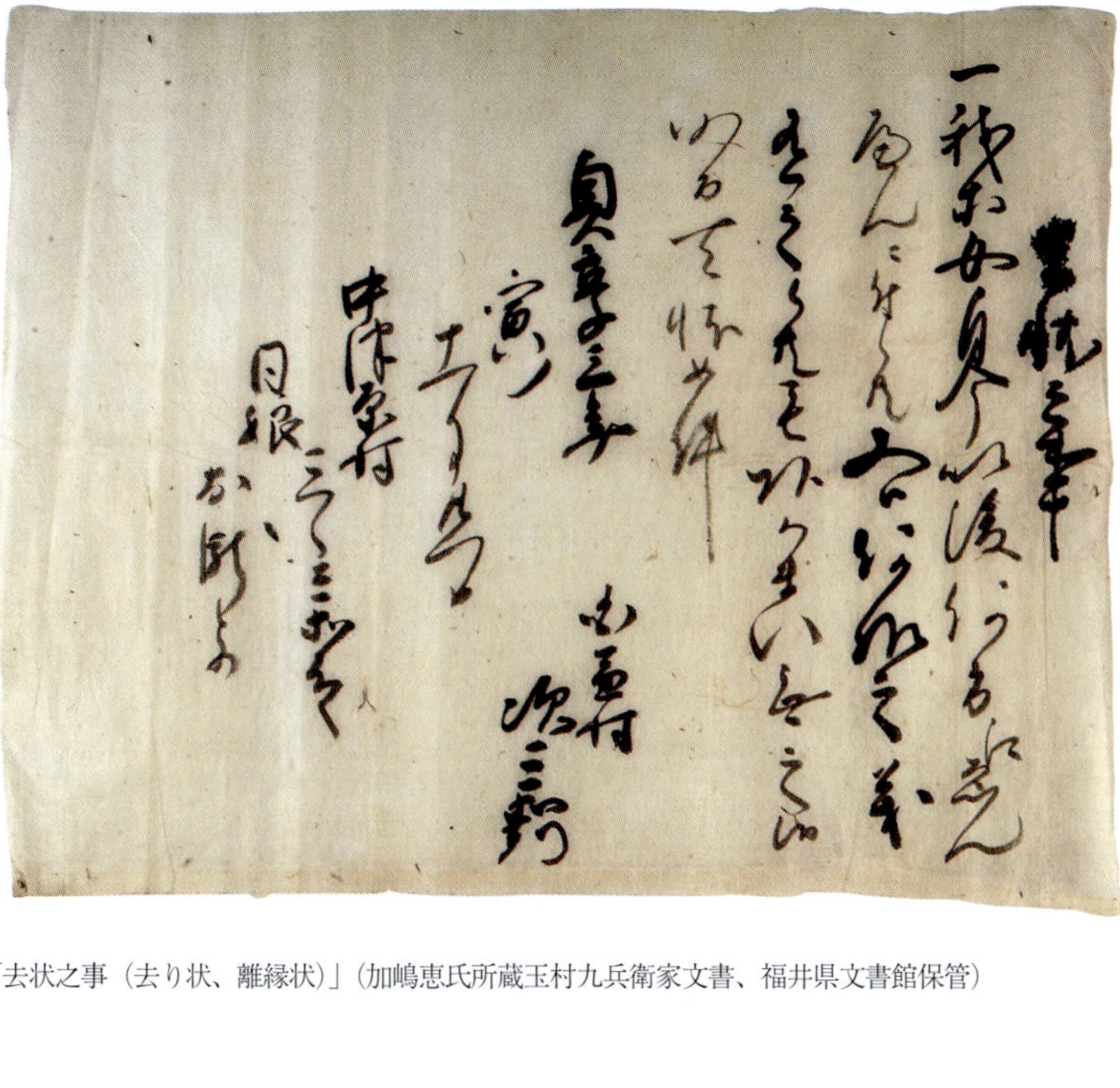

「去状之事（去り状、離縁状）」（加嶋恵氏所蔵玉村九兵衛家文書、福井県文書館保管）

悲しみ

恋悲《こいかな》しむ

恋い慕って切ない気持ちになること。なつかしく悲しく思うこと。

「ただわが恋ひ悲しむむ
すめのかへりおはしたる
なめりとて」

紫式部『源氏物語』

時雨《しぐれ》心地《ごこち》

時雨の降り出しそうな空模様から転じて、いまにも涙のこぼれそうな気持ち。

今日は猶 ひまこそなけれ
かきくもる 時雨心ちは
いつもせしかど

和泉式部

涙《なみだ》の雨《あめ》・泪《なみだ》の雨《あめ》

涙がはげしく流れ落ちる様子を雨にたとえた語。**涙の時雨。**

めも見えず 涙の雨のしぐるれば 身のぬれきぬは ひるよしもなし

小野好古

空《そら》の雫《しずく》

落ちる涙を空から落ちてくる雫にたとえた語。

空《そら》の露《つゆ》

落ちる涙を空から落ちてくる露にたとえた語。

おほかたの 空の露かは 君がため 万代かけて 置ける菊をや

藤原為頼

涙《なみだ》の色《いろ》

ひどく悲しいときは血の涙を流すというところから。血のような色を思わせる。「紅涙《こうるい》」は血の涙、または美人の涙。

…よらん方なく かなしきに なみだのいろの くれなゐは われらが中の しぐれにて…

伊勢

袖《そで》の雨《あめ》

衣の袖にかかる雨の意で、悲しい涙で袖がぬれることのたとえ。

「またひとしきり袖の雨、晴間はしばしなかりけり」

坪内逍遥『桐一葉』

泣けないことがつらくて——鈴木真砂女

夫と妻という関係でなく、お互いをいとおしいと思う気持ちだけで、生涯つながっている男女もいます。幸せですか。不幸せですか。聞いてみなければ分かりません。

あの人の通夜が営まれたお寺の外で、私（鈴木真砂女）は一時間ほども立ちつくしていた。遺影がそこからでも見えて、私にほほえんでいました。本葬のときは、私も参列して、お焼香をしました。奥さまや人びとの手前、泣けないことがつらかった。

あの人に初めて逢ったのは、私が三十一歳のとき。あの人は七つ下の海軍士官で、戦闘機乗りでした。まもなく日中戦争になって。

私は旅館の女将でした。安房《あわ》鴨川《かもがわ》の、実家の。好きでいっしょになった夫が失踪しなければ、姉が若死にしなければ、両親の頼みで義兄と再婚することがなければ、あの人に、あそこで、あの時、逢うこともなかった。夫のある身で、転属先の長崎の大村まで逢いに行ったわ。特急さくらに乗って、下関から連絡船で門司《もじ》に渡って、また二つ乗り換えるの。螢が飛ぶ夜に「いっしょに死のうか」とささやかれたこともあった。いつも別れるときに敬礼してくれた。みんな私の運がはこんできたのね。

よそに男がいることが知れると、私の運はまたころがって、私はとつぜん無一文の家なしになりました。そのときはむしろすがすがしかったけど、夫を苦しませた、と思ってます。

親切な人たちからお金を借りて、銀座に小さなお店「卯波」を開きました。私はいつも着物に白い割烹着。足袋だけは朝に夕に代えて、継ぎ当てなんかはしませんでした。

あの人はいつもカウンターの隅の席に座りに来てくれました。六十三歳で倒れる日の前の晩まで。

羅《うすもの》や 人悲します 恋をして

鈴木真砂女《まさじょ》（一九〇六―二〇〇三年）俳人。千葉県鴨川町の旅館に生まれる。二九年、結婚。夫が突然失踪。娘を婚家に残し、実家に戻される。長姉の死後、その夫と再婚、女将となる。久保田万太郎の俳誌「春燈」入門。五五年第一句集『生簀籠』刊行。五七年、家を離れ、銀座に小料理屋「卯波」を開く。九五年、『都鳥』（読売文学賞）、九九年『紫木蓮』（蛇笏賞）を刊行。

未練

未練《みれん》

思い切りのわるいこと。別れたり、ふられたのに、まだ好きなこと。**心残り**。

顧恋《これん》

気がひかれること。恋い慕うこと。また、うしろ髪がひかれること。気持ちが後に残り、きっぱりと思い切れないこと。

「顧恋の情が潮のやうに迫って来て、私は身を扱ひかね、すたすたと部屋の中を歩廻るのであった」

嘉村礒多『秋立つまで』

名残《なごり》

ある事柄が起こり、その事はすでに過ぎ去ってしまっているのに気配・影響が残っていること。**余韻**。**余情**。人と別れたあと、心にその面影などが残って、忘れられないこと。また、その気持ち。

面影《おもかげ》

記憶から思い浮かべる顔や姿。何かを思い起こさせるような顔つきや様子。実在しないのに見えるように思えるもの。

「おもかげにおぼえて悲しければ、月の興もおぼえず、くんじ臥しぬ」
菅原孝標女『更級日記』

夢にだに 見ゆとは見えじ
朝な朝な 我面影に 恥づ
る身なれば
伊勢

箒木《ははきぎ》

信濃国の薗原《そのはら》にあったという伝説の木。遠くから見ると大きなほうきのように繁って見えるが、近づくと見えなくなる。転じて、姿は見えるのに会えないこと、情けがあるように見えて、ないこと。また『源氏物語』の第二帖の巻名。アカザ科のホウキギのこと。

園原《そのはら》や 伏屋《ふせや》に生《お》ふる
箒木の ありとは見えて
逢はぬ君かな
坂上是則

園原の箒木（阿智村提供）

恋の私がたり ⑨

恋を断つには──西行

恋心を鎮めるには、どんな方法があるでしょう。一つは結婚すること。想う人が側にいれば、もう恋しい気持ちとは、さようなら。結婚することが叶わなかったら、恋人と逢えないくらい遠くへ行ってしまうか、出家するか、しか道はありません。

十八歳で私（西行）は鳥羽院の御所の警護に当たる下北面《げほくめん》の武士になった。院の微行に供奉《ぐぶ》したこともあった。世の中の人は、卑官ではあるものの私の華々しい地位を羨んだが、この地位は巨額の任料で贖われたものであったから、私には誇らしい気持ちなど毛頭なく、鬱々として楽しまなかった。

夜、勤めの身を照らす月を仰ぐと、おのれのむなしさが身にしみた。月は仏の道と歌の道の相合うところを指し示すようであった。

五年が経った、ある弓張月《ゆみはりづき》の残花の夜、私は月のかんばせをもつひとを抱いた。そのひとの名は口が裂けても言えぬ。「今宵だけです」とそのひとはおっしゃった。「分かっております」と私は答えた。

私はいい匂いのするそのひとを抱きながら、怖ろしさにふるえていた。その夜のことは何から何まで思い出すことができる。池のほとりの桜が白くものすごかったこと。三方《さんぼう》の上の盃を取ろうとして、あやまって倒してしまったことも。

私には妻も子もいたが、よそに通う女もいた。そのような女たちの色香が瞬く間に落ちた。一度しか叶わぬ逢瀬と知りながら、再びの日を私はめめしく願うに決まっている。それを絶つには、出家の道しかなかった。

この末法の世、肉親や友の菩提を弔い、月と花を愛で、深く清らかに生を送りたいという願いに、あの方が美しい道をつけてくださった。

月と呼びたい女人は、ほかにおらぬ。

おもかげの　忘らるまじき　別れかな　名残りを人の　月にとどめて

西行（一一一八―九〇）　平安後期―鎌倉前期の歌人。本名佐藤義清《のりきよ》。二十三歳のとき出家。無常を感じたゆえとされるが、鳥羽院の后・待賢門院璋子《しょうし》への失恋がその動機となったという説もあり、謎に包まれている。『新古今集』に九十四首と最多の歌数が入集した。

うらみつらみ

つれなし・つれない

人の心を考えようともせず、冷ややかなこと。無情なこと。

風吹けば 峯にわかるる
白雲の 絶えてつれなき
君が心か

壬生忠岑

つらし・つらい

態度や仕打ちがむごく、冷たいこと。薄情なこと。また、その態度や仕打ちが耐えがたく、うらめしいこと。

よし野がは よしや人こそ
つらからめ はやくいひ
てしことはわすれじ

凡河内躬恒

（はやくいひてしこと＝私が以前に約束したこと）

憂《う》し・憂《う》い

物事が思うとおりにならないことを嘆く気持ち。心の晴らしようがなくてやりきれないこと。

天《あま》の戸《と》を おし明けがたの
月見れば 憂き人しもぞ
恋しかりける

よみ人しらず
『新古今和歌集』

（天の戸＝天上の門）

松《まつ》の浮根《うきね》

地表に現れている松の根。松を「待つ」に、浮根を「憂き寝」にかけている。

かたしきの 松のうきねと
忍びしは さればよ遂に
顕はれにけり

よみ人しらず
『拾遺和歌集』

恨《うら》めし・恨《うら》めしい

相手の心や態度が自分の期待に反するものだったときに、不満や嘆きが心のなかにわだかまっていること。残念で悲しいこと。

秋風の 吹きうらかへす
葛の葉の うらみてもなほ
うらめしきかな

平貞文

春怨《しゅんえん》

自分の元へ通って来なくなった、つれない男への女の怨み。また春はもの思う季節であることから、女が過去の恋に苦しんだりすること。

恋死《こいじに》

恋い焦がれて死ぬこと。**焦がれ死に**。恋しさのあまり病気になって死ぬこと。

恋《こ》ひ死なむ　後《のち》は何せむ
我が命　生ける日にこそ
見まく欲《ほ》りすれ
よみ人しらず『万葉集』

恋塚《こいづか》

恋の苦しみに耐えかねて死んだ人を葬った塚。または恋愛沙汰の犠牲となって命を落とした人を葬った塚。とくに京都の鳥羽にある袈裟《けさ》御前《ごぜん》の墓をさすことが多い。

忘れたくて

忘貝《わすれがい》・恋忘貝《こいわすれがい》

二枚貝の離れた一片のこと。拾えば恋の苦しさを忘れることができると考えられていた。マルスダレガイ科の二枚貝「ワスレガイ」のことも指す。

我《わ》が背子《せこ》に恋ふれば苦し
暇《いとま》あらば 拾《ひり》ひて行《ゆ》かむ
恋忘れ貝

大伴坂上郎女

忘草《わすれぐさ／わするるくさ》・恋忘草《こいわすれぐさ》

ユリ科の多年草・萱草《かんぞう》の異名。身につけると恋の苦しさを忘れると考えられていたところからの名。**忘れ種《ぐさ》**。

恋ふれども 逢ふ夜《よ》のなき
は 忘れ草 夢路にさへや

生《お》ひしげるらむ　　僧正遍照

勿忘草《わすれなぐさ》

ヨーロッパ原産のムラサキ科の多年草。原名はミヨソティス。若者が恋人のために水辺のこの花を摘もうとして水中に落ち、「我な忘れそ（私を忘れないで）」という言葉をのこして水底へ消えたという悲しい伝説があり、英名はフォゲット・ミー・ノット。和名は英名に由来。

仏蘭西の みやび少女が
さしかざす 勿忘草の
空いろの花
北原白秋『桐の花』

勿忘草 わかものの墓標
ばかりなり
石田波郷

恋の私がたり ⑩

泣いて忘れて――山川登美子

少し前の時代までは家を存続させるために、当事者の意向はよそに、ふさわしい家柄同士での婚姻がととのえられました。想う人に添えずに泣いた女性の悲劇は、数知れなかったことでしょう。

あの夏の終りの日のことは忘れられません。師の君が講演のため大阪にいらして、私（山川登美子）は友だちとともに初めてお目にかかり、ごいっしょに住之江《すみのえ》を歩きました。そこの住吉大社の神は航海の神にして和歌の神なのです。

あの方は世に秀でた詩人にして歌人でした。私はあの方とあの方のお歌に憧れていたのですが、それは遠いところでまたたいている星を見上げるような気持ちだったのです。恐る恐るあの方が選をなさっている雑誌に投稿しましたところ、思いがけず入選、星の光がつたない私の歌にも一筋差し込むような気がいたしました。

友だちも師の君を慕っているのが、そのまなざしからすぐに分かりました。友だちは引っ込み思案な私とちがって、物怖じせず、華やかな、才ある人で、師の君は代わる代わる私たち二人を見やり、どうやらくらべて楽しんでいらっしゃるご様子。私は一人つつましく咲いているほかはありませんでした。

住之江の蓮池の蓮の葉の裏に、師の君が上の句を書き、私たちが下の句を付けて、あっという間に夕べの涼風が立って――。

それから三月《みつき》後、郷里の若狭のほうで、私の知らぬ間に結婚話がととのってしまいました。師の君は、私には慕ってはならないお方になったのです。嫁いだが最後、よき歌をつくろうという願いも葬らなければならないでしょう。みんな、みんな、これからのことは、友だちにゆずります。

いま思えば住之江の浜には恋忘れ貝が寄り、松林の下には恋忘れ草が咲いておりました。摘めよとばかりに。

それとなく 紅き花みな 友にゆづり そむきて泣きて 忘れ草つむ

山川登美子(一八七九―一九〇九) 歌人。福井県生まれ。鳳(ほう)(与謝野)晶子と並び、「明星」初期の主要同人だった。師与謝野鉄幹への思慕を胸に、郷里に去る。二十九歳で夭折。

思い出

恋返《こいかえ》す

ある人を恋い慕っていたときの心や状態を思い出すこと。昔のことをなつかしく思いかえすこと。

ありし世の 心ながらに
恋ひ返し 言はばやそれに
今までの身を
藤原為兼

形見《かたみ》

死んだ人や遠くに別れた人を思い出すよすがとなるもの。

逢はむ日の 形見にせよと
たわやめの 思ひ乱れて
縫へる衣そ
狭野弟上娘子

契りきな かたみに袖《そで》を
しぼりつつ 末の松山
波こさじとは
清原元輔

哀慕《あいぼ》

愛する人、尊敬する人の死を悲しみ、その人を慕うこと。

ジーンズ

ジーンズを洗って干した
遊びが好きな物っていいな
主《ぬし》なんか放っといて歩いていってしまいそう
元気をおだしってジーンズのお尻が言ってるよ
このジーンズは
川のほとりに立っていたこともあるし
明けがたの石段に坐っていたこともある
瑠璃色が好きなジーンズだ
だから乾いたら
また遊びにつれてってくれるさ
あいつが　じゃなくて
ジーンズがさ
海だって　大草原にだって
きっと

道ならぬ恋

愛人《あいじん》

愛していとしい異性、恋人のことだが、現代ではとくに夫や妻以外の愛している異性をいう。中国語では配偶者のことを「**愛人**《アイレン》」という。**情**《じょう》**人**《にん》は、恋しく思う人または情事の相手。

わがこころはいま大風《おほかぜ》の
如く君にむかへり
愛人よ
いまは青き魚の肌にしみたる寒き夜もふけ渡りたり
されば安らかに郊外の家に眠れかし

高村光太郎「郊外の人に」

愛人で　いいのとうたう　歌手がいて　言ってくれるじゃないのと思う

俵万智

逢瀬《おうせ》

愛し合う男女がひそかに会うこと。「瀬」は機会の意。**逢**《あい》**引**《び》**き**。**密会**。

手袋を　ぬぐ手ながむる　逢瀬かな

日野草城

ふくらなる　羽毛襟巻《ボア》の　にほひを　新らしむ　十一月の朝のあひびき

北原白秋

中川《なかがわ》の逢瀬《おうせ》

恋人に会うこと。『源氏物語』の「帚木《ははきぎ》」で光源氏が方違《かたたが》えのため、京都の京極にあった中川のほとりの紀伊守の家に行き、空蝉に会ったところから。方違《かたたが》えとは、陰陽道をもとにした平安時代以降の風習で、出かける先が忌むべき方角だった場合、別の方角に行って前泊し、改めて目的地へ行くこと。

目褄《めつま》を忍《しの》ぶ

人に見られないようにすること。男女が密会すること。

恋《こい》の盗《ぬす》み

人目を忍んで恋人に会うこと。

通《かよ》い窓《まど》

男女が人目を忍んで逢うための窓。

忍《しの》び車《ぐるま》

人目を避けて隠れて乗っていく車。

恋《こい》の中宿《なかやど》

主に江戸時代に男女の密会した逢引き宿。**中宿**。

出合茶屋《であいぢゃや》

男女が密会に利用する茶屋。**待合茶屋**。**出合宿**。**出合屋**。**盆屋**。

邪恋《じゃれん》

道にはずれた恋。道義上許されない恋。

三角関係《さんかくかんけい》

男女三人の間に結ばれた複雑な恋愛関係。

「それは竹さんを入れた所謂三角関係ではなく」
志賀直哉『暗夜行路』

よろめく

足どりがふらつくこと。浮気をすること。誘惑にのること。「**よろめき**」は昭和三十二（一九五七）年の三島由紀夫の小説『美徳のよろめき』から流行した語。

姦通《かんつう》

男女が道徳や法に反して情を通じること。また、とくに夫のある女が、他の男と情を通じること。**不義**。**密通**。法律用語としては明治時代になってあらわれた。詩人北原白秋は隣家の人妻と恋愛問題を起こし、姦通罪で収監された。

人妻ユエニヒトノミチ
汚《ケガ》シハテタルワレナレバ、
トメテトマラヌ煩悩ノ
罪ノヤミヂニフミマヨフ。
北原白秋「野晒」より

人妻《ひとづま》

他の男の妻。

神木《かむき》にも 手は触《ふ》るといふを うつたへに 人妻と いへば 触れぬものかも
大伴安麻呂
（うつたへに＝絶対に）

人妻の 風邪声艶に 聞えけり
高橋淡路女

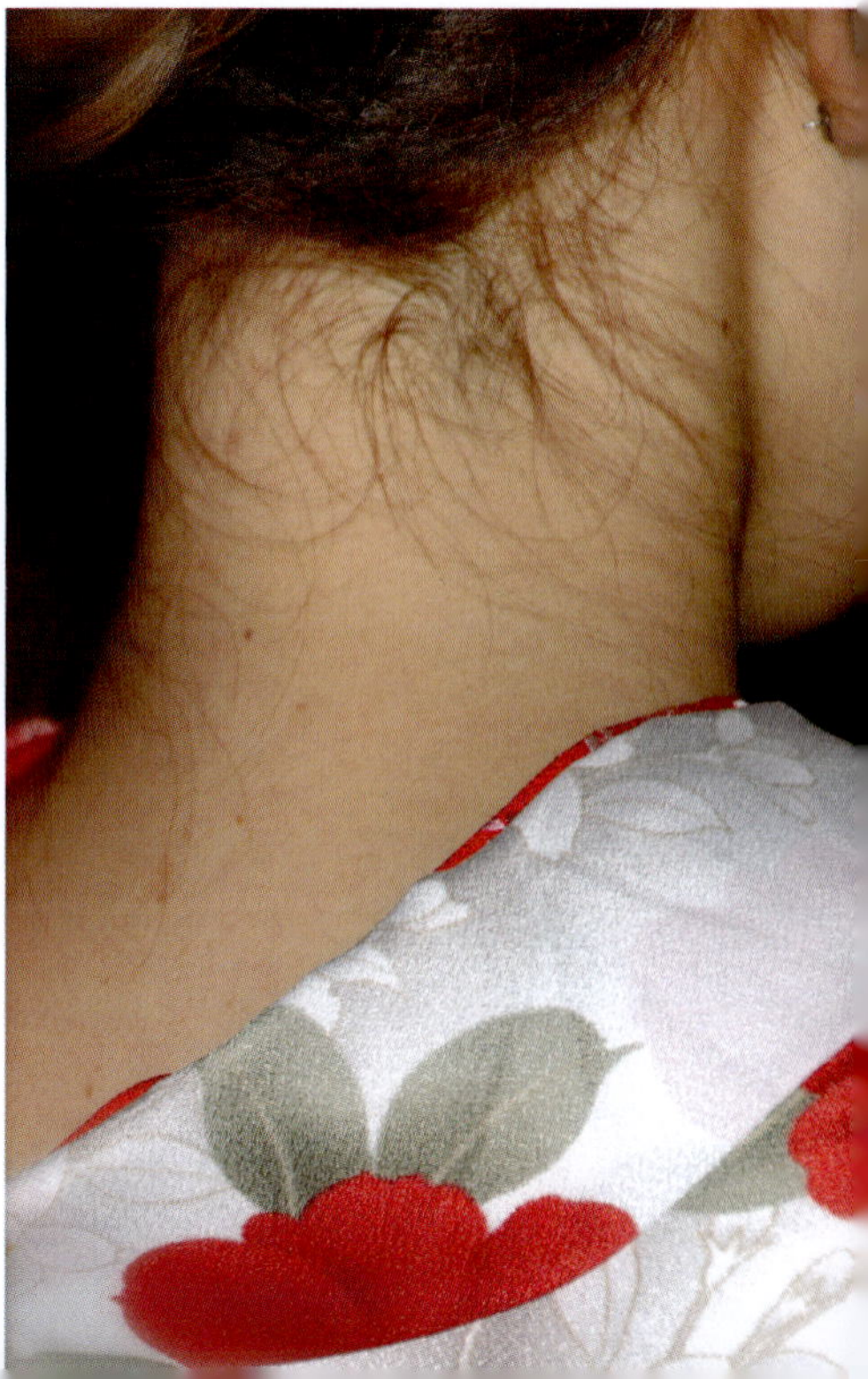

駆落《かけおち》

男女が互いにしめし合わせて、ひそかにどこかへ逃げ隠れること。交際を反対された場合などに、周囲との関係を断ち、二人だけで生きていくと決めた男女の決意の表れ。

道行《みちゆき》

旅をすること。浄瑠璃や歌舞伎で、相愛の男女の駆け落ちや情死行が舞踊で表現される場面。転じて一般に、男女が連れ立って歩くこと。

心中《しんじゅう》

まごころを尽くすことが本来の意味だが、転じて男女が来世で結ばれることを祈ってともに死ぬこと。**情死**。

人と遂に 死ねずじまひや 木の葉髪
鈴木真砂女

情死ありし 川の瀬音を ききながら 毛深き桃を 剝き終るなり
寺山修司

相対死《あいたいじに》

心中、情死のこと。心中が、近松門左衛門らの世話浄瑠璃などにより美化され、元禄頃から流行して風俗退廃を招いたため、八代将軍吉宗は、「心中」に代えて「相対死」という語を用いるとともに禁令を出した。禁を犯した男女は埋葬不可、存命なら三日晒《さらし》の上、非人手下《てか》の扱いとするとした。

心中立て《しんじゅうだて》

男女が誓いを立ててそれを守りぬくこと。愛情を守りとおして、他へ心を移さないこと。また、その証拠を示すこと。遊里では相愛の男女が変わらぬ真情を起請文《きしょうもん》、髪切り、指切り、爪放し、入れ墨などをして誓いを立てた。究極の証しとしては、合意のうえでいっしょに死ぬ心中死である。

恋の私がたり ⑪

死んでも恋しくて――式子内親王

平安時代、賀茂斎院《かものさいいん》は未婚の皇女がつとめるもので、いわば神の花嫁ですから、人の男との恋はあってはならないものでした。禁じられた恋は、よけいに燃え上がるものです。心の内圧がいやが上にも高まるからでしょう。

たましいをつないでいた糸が切れれば、いのちが絶えれば、この世の苦しみも終わるものと思っておりました。でもわたし（式子内親王）のたましいが到りましたところには、かすかな光すらなく、よい香りも、妙なる楽の音も聞こえてまいりません。まだこの世の苦しみに身を苛《さいな》まれております。わたしはきっと中有《ちゅうう》を漂っているのでしょう。ありし世にさまよい出てみれば、今宵は月もなく、時雨が降っています。あなたは旅のお坊さまですね。どうかわたしとあの人を弔ってくださいまし。

わたしは賀茂斎院でした。ええ、私は皇女です。身を清らかにたもち、十年、神に仕えたのですが、病に倒れ、務めを解かれて、宮中に戻りました。水の上の木の葉のようにたよりないわが身を支えてくれるものといっては、和歌のほかにありませんでした。あの方は、わたしより大分お若いのですが、今を時めく歌の上手。最初はお父さまについて、わたし方にいらっしゃったのでした。そのうちお一人で。

わたしたちは歌についてあふれる思いを語り明かしました。あふれる思いはいつしかお互いを想う心に重なり、来世をたのむようになったのです。噂はしげく、あの方に逢うことは、じきにかなわなくなりました。

人びとに憐れまれたのか、わたしたちの塚は隣り合って築かれました。するとあの方の塚から蔦葛《つたかずら》がのびて、こちらのほうに乱れ髪のようにからまってくるではありませんか。この世の霜や露が結んでは消える、はかないわが身に……。

旅のお坊さま、あの方とわたしのたましいを鎮めるために、有り難いお経を読んでくださいまし。

玉の緒よ　絶えなば絶えね　ながらへば　忍ぶることの　弱りもぞする

（「玉の緒」は魂の緒。いのちのこと）

式子内親王《しょくし》（生年未詳―一二〇一）鎌倉前期の歌人。後白河天皇の皇女。母は藤原季成の女《むすめ》。賀茂斎院をつとめた。謡曲『定家』にみられるような藤原定家との恋愛伝説がある。

V章

恋の季知らず

恋の文化はさまざまに織りなされる

うたへやうたへうたかたの
あはれ昔の恋しさを
今も遊女の舟遊び
『閑吟集《かんぎんしゅう》』

室町時代の歌謡集に収められた歌で、じっさいに嫖客《ひょうかく》や遊女がうたったかどうかはともかく、宴席での歌だったことは確かだろう。

調子よく畳みかけるように始まるのだが、意味の上では実体のない「うた」や「うたかた」（泡沫）であり、「あはれ昔の恋しさ」と、失われたものへの痛覚を刺戟して、哀調を漂わせる。実体をともなっているのは、「今も遊女の舟遊び」という一節である。「遊女」は「言う」を掛けており、かなり洗練された歌だと思う。この後「世をわたる一節《ひとふし》をうたひていざや遊ばん」とつづく。

この歌の舞台は淀川の下流、大阪湾沿岸の水駅である江口《えぐち》。平安時代には遊女町のある水駅に旅客の舟が着くと、遊女が小舟を漕ぎ寄せた。彼女たちは宿をさだめぬ波枕の境涯にありながら、今様《いまよう》などを上手にうたった者もいたという。

時代が下り、彼女たちは遊里に閉じ込められて、江戸文化の花となった。花魁《おいらん》の中には、吉野・夕霧・高尾といった有名どころも出たが、彼女たちは遊女評判記などで美と才とを鳴らしたとはいえ、性を売る者であることには変わりなく、徒花《あだばな》のようなものであった。

また性的少数派であるが、男性間における同性愛、「男色《なんしょく》」も文化的基盤をもつ。これはいにしえに女人を避ける僧房内で発生をみたものらしい。愛の対象は十歳ころから二十歳を越えない年頃の少年であり、梅花をその象徴とした。男性の同性愛は現代では「ゲイ」と呼ばれる。

遊女も男色もその存在は目に立つものであるが、それらをも含めてこの国独特の裾野の広い恋の文化がある。

王朝の男女間の歌の贈答などについては、おもにⅢ章「恋の秋」に詳述した。このⅤ章「恋の季《とき》知らず」では、話しことばや書きことばでの恋のキーワード、連歌連句での恋の決まりごと、ことわざに見る恋、恋の地名など、さまざまに織りなされる恋のありようを追ってみた。

キーワード

惚気《のろけ》る

自分と妻や夫、恋人に関することをいい気になって話したり、自慢すること。また、色情におぼれること。おのろけ。

寄《よ》りかかる

体を何かにもたせかけること。自分の力でなく、他人を頼みにすること。

生き物を かなしと言いて
このわれに 寄りかかる
なよ 君は男だ
梅内美華子

たゆたう

決心しかねてあれこれ迷うこと。

常止《つねや》まず 通ひし君が
使来ず 今は逢はじと
たゆたひぬらし
高田女王

切《せつ》ない

悲しさ、さびしさ、恋しさなどで、胸がしめつけられるような気持ち。やりきれない。やるせない。

白藤の せつなきまでに
重き房 かかる力に
人恋へといふ
米川千嘉子

あどけない

無邪気、無心でかわいい様子。

サキサキと セロリ噛み
いて あどけなき 汝《なれ》を
愛する 理由はいらず
佐佐木幸綱

あえか

姿や気持ちなどが弱弱しい様子。かよわく、なよなよとした様子。一般的に若い女性に対して上品で美しいという意味で用いられる。

「艶《えん》にあえかなるすきずきしさのみこそ」
紫式部『源氏物語』

心《こころ》ときめき

期待や不安から胸がどきどきすること。心がはらはらすること。

「匂《にほ》ひなどは仮のものなるに、しばらく衣裳《いしやう》に薫物《たきもの》すと知りながら、えならぬ匂ひには、必ず心ときめきするものなり」
吉田兼好『徒然草』

ゆきずり

すれちがうこと。通りすぎるときに触れあうこと。すれちがって色や香りが染みつくこと。また、ほんのちょっとした関係で終わること。

なごの海の と渡る舟の
行すりに ほの見し人の
忘られぬかな
藤原俊忠

偶《たま》さか

偶然、たまたま。思いがけないこと。

たまさかに 我《わ》が見し人を
いかならむ よしをもち
てか また一目《ひとめ》見む
よみ人しらず『万葉集』

玉響《たまゆら》

ほんの少しの間。一瞬。玉がゆらいだときに、かすかに触れ合って小さな音がすることから。『万葉集』の「玉響《たまかぎる》昨日の夕《ゆうべ》見しものを今日の朝《あした》に恋ふべきものか」（よみ人しらず）の「玉響」を「たまゆら」と読んだところから生まれた語。

焔《ほむら》

心の中に燃え上がる激情を炎にたとえた語。

これやこの 一期《いちご》のいのち
炎《ほむら》立ちせよと迫りし
吾妹《わぎも》よ吾妹
吉野秀雄

富士山《ふじさん》

平安時代には数十年ごとに噴火していた富士山は、恋の「思ひ」の火を象徴するものだった。「不及恋《およばぬこい》」の譬えでもあった。

今ぞおもふ いかなる月日
ふじのねの 峰に煙の
立ちはじめけん
藤原定家

終夜《よすがら》

一晩中ずっと。夜通し。

この夜《よ》すがらに 眠《い》も寝《ね》
ずに 今日もしめらに
恋ひつつそ居《を》る
大伴家持
（しめらに＝しみらに。終日）

処女《しょじょ》

未婚の女子。性行為経験のない女性。おとめ。きむすめ。

処女《をとめ》にて 身に深く持つ
浄き卵 秋の日吾の心熱
くす
富小路禎子

童貞《どうてい》

性行為経験のない男性。

童貞が 堕つるゆふべか
かなしげに 卓の牡丹の
白くくづるる
吉井勇

恋歌《こいうた／こいか》

恋心を詠んだ和歌や詩のこと。相聞《そうもん》歌。『古今和歌集』以降の勅撰集、私家集の部立に「恋歌」があり、春・夏・秋・冬の部と共に主要題材をなしている。**色歌**。

恋句《こいく》・恋《こい》の句《く》

恋愛を主題としたり、恋心を詠んだ句。座の文芸といわれる連歌・連句の付句で、恋の詞（恋の心を表わす語）を句中に詠み入れたもの。月、花がそれぞれ定座《じょうざ》をもち、自然美の代表として重んじられるのに対し、恋は定座はもたないものの、人情の最上のものとして重んじられる。歌仙（三十六句形式の連句）では恋句のない作品は、半端物《はんぱもの》といわれて軽んじられる。

足駄はかせぬ　雨のあけぼの　越人《えつじん》
きぬぐ〳〵やあまりかぼそくあてやかに　芭蕉
かぜひきたまふ　声のうつくし　越人
『阿羅野』

色のことば

色事《いろごと》
男女が情を通わすこと。**色恋**。**情事**。**濡れ事**。芝居での男女の情事のしぐさ。またはその俳優。色事師。

色尽《いろづくめ》
色事ばかりであること。情事を好むさま。また、その人。一般的には、美しい色彩をたくさん用いていること。**色**《いろ》**尽**《づくし》は、美人ばかりなこと。

色情《しきじょう》
男女間の性欲。**情欲**。**色欲**。**色心**。

春情《しゅんじょう》
春の景色。**色情**。**色気**。むかし中国では結婚の時期を仲春（春の真ん中のこと。陰暦の二月）と定めていたところから、元は結婚を思う心の意。

好色
色事や色情を好むことをいう。井原西鶴の「好色物」はつとに有名。

エロチシズム
eroticism　ギリシア語の「エロス」に由来。本来は精神的な愛のことだが、のちに肉体的な愛をいうようになった。性的興奮を呼び起こすようなもの。**エロ**。

色狂《いろぐるい》
女の色香に酔い狂うこと。女色（女性との情事）におぼれて遊蕩すること。**女狂い**。**遊女狂い**。

「四十までは色狂なり、四十より後は色あそびなり、女郎よんであそぶと思ふべし」
洒落本『本草妓要』

色気《いろけ》

異性をひきつける性的魅力。セクシー。また、異性を意識することであらわれる性的な雰囲気。

色気白歯《いろけしらは》

色気をまだ知らない処女。「知らぬ」を「白歯」にかけている。「白歯」は未婚処女の意。江戸時代、結婚した女性はすべて歯を黒く染める「お歯黒」をほどこした。

色不知《いろしらず》

色事を経験しないこと。色事の情緒を理解しないこと。また、その人。

色《いろ》めく

異性に関心があるように見えること。また、そのようにふるまうこと。なまめかしくふるまうこと。

色様《いろさま》

他人の愛人に対する敬称。なまめかしく美しい人に対する敬称でもある。

色噂《いろうわさ》

恋愛についての噂。恋愛についての話。**色話**。**艶聞**。**恋話**。**情話**。

色談義《いろだんぎ》

恋愛についての意見や説明。また、それをすること。**色講釈**。

色手本《いろでほん》

恋の手本となるもの。恋愛の道を教える本。

色本《いろほん》

男女の性愛に関した本。**笑い本**。**艶本**。**春本**。

色歌舞伎《いろかぶき》

恋愛に関する出来事をとりあげた歌舞伎。**色芝居**。

遊里のことば

遊里《ゆうり》
一定の区画を仕切って公認の遊女屋を集めた地域。また、私娼を置いた店が集まった、いわゆる**岡場所**をもいう。**色里**。**恋里**。**廓**《くるわ》。**遊郭**。**恋郭**。**恋所**。**悪所**。**揚屋**。**花街**。官許の遊里では、京都島原、江戸吉原、大坂新町、長崎丸山が名高い。昭和三十二（一九五七）年に売春防止法が施行され、官許の遊里はなくなった。

見返柳《みかえりやなぎ》
江戸の吉原遊郭の大門へ下る坂道にあったしだれ柳。遊客が名残を惜しんでふりかえるところから名付けられた。

遊女《ゆうじょ／あそびめ》
「遊行女婦《あそびめ》」としてすでに『万葉集』に見られる。彼女たちの中には和歌や歌唱に優れた者もあり、貴族とも親しく交わった。室町時代以降、町人の台頭にともなって**辻君**《つじぎみ》、**立君**《たちぎみ》なども現れるようになる。官許の廓内の遊女は公娼の座に据えられ、江戸文化の花ともなったが、それ以外の私娼は「**売女**《ばいた》」と呼ばれて、低く見られた。

傾城《けいせい》
中国伝来の語。元は色香で城を傾けた美人に対する呼称で、唐の玄宗の楊貴妃は有名。日本に伝来すると、遊女に対する呼称となった。宿駅の遊女も傾城と呼ばれていた。近世ではとくに太夫、天神など上位の遊女をさす。

いなづまや　どの傾城と
かり枕
去来

禿《かむろ》
太夫、天神など上位の遊女に仕えて、その見習いをする六、七歳から十三、四歳ぐらいまでの少女。かぶろっこ、かぶろともいう。髪を肩のあたりで切りそろえ、花かんざしを挿し、太夫の道中にお伴した。

女郎《じょろう》
遊女。花魁より下格のものをいったか。平家没落の後、身分を失った官女の多くが「上《じょう》臈《ろう》」と呼ばれる遊女になったと伝えられる。それが女郎の名の起こりだとする説もある。

皐月《さつき》照れ照れ
菖蒲《あやめ》も植ゑよ
お女郎《じょろ》見やんせ十六島は
雨の降るのに花が咲く
野口雨情「十二橋」

花魁《おいらん》
姉女郎。転じて、位の高い遊女の称。江戸吉原の遊郭で、新造や禿《かむろ》が姉女郎を「おいらの（己等の姉さんの略）」と呼んだところからという。「花」は美しい女をいい、色事、情事の意味もある。

まんじゅしゃげ　昔おいらん泣きました
渡辺白泉

浮《う》かれ女《め》・浮《う》から女《め》
歌や舞をして人を楽しませ、また、売春もする女。**娼妓**。身持ちの悪い女やみだらな女のこともいう。

一夜妻《いちやづま／ひとよづま》
一夜だけの妻の意から、遊女などをいう。一晩だけ関係を結んだ相手の女性。

私娼《ししょう》
官許を受けていない売春婦。許可を受けている売春婦は公娼と呼ばれた。

辻君《つじぎみ》
夜間、道ばたに立ち、通行人を客として色を売った女。**夜発《やほち》**。**辻傾城**。**辻遊女**。**立君**。京都では「辻君」だが、江戸では「**夜鷹**」、大坂では「**惣嫁《そうか》**」と呼ばれた。男が男色を売る場合は男辻君という。

歌比丘尼《うたびくに》
歌念仏を歌う尼。中世に流行し、近世まで続いた。地獄、極楽の絵解きをした勧進比丘尼、絵解比丘尼、熊野権現の縁起を語って牛王《ごおう》のお札を配った熊野比丘尼などがある。のちには、流行の歌をうたい薄化粧をして色を売るようになった。

湯女《ゆな》
温泉宿にいて入浴客の世話や接待をする女。有馬温泉に十二坊舎が設けられ、その坊舎ごとに大湯女と小湯女の二人を置いたのが湯女のはじまりという。

茶屋女《ちゃやおんな》
色茶屋で客に酌や給仕をしたり、遊興の相手をしたりする女。私娼化しているものが多かった。**茶屋娘**。**茶屋者**。

飯盛女《めしもりおんな》
宿場の宿屋で給仕をするとともに、色を売った女。

間夫《まぶ》
遊女の恋人。遊女が真情を捧げる男。遊女が、情夫を持つこと。また、情夫に会うこと。一般の男女についてもいう。

流連《りゅうれん》・居続《いつづけ》
遊里などで、何日も居続け、遊んで家へ帰らないこと。また、その客。「流」も「連」も流れにまかせて舟遊びにふけることで、いにしえの遊女が小舟で色を売ったことから、彼女らの流浪の身に寄り添うような感じか。

髪切《かみきり》
江戸時代、遊女が客にまごころを示すために女の大切な髪を切ること。また、吉原で行なわれた私刑の一つで、遊客が無断でなじみ以外の遊女を買った場合、なじみの遊女がその男の頭髪を髻《もとどり》の所から切り落とすこと。

指切《ゆびきり》
「ゆびきりげんまん、うそついたら針千本のます」というのは子供などが小指を曲げて互いにひっかけあい、かたい約束のしるしとするものだが、遊女と客との間においては本当に指を切る。誓約の証として、あるいは心中のほどを見せようとして、女が小指の先を切って男に贈る。切指《きりゆび》。当時、死骸から死人の指を切って遊女に売る男もいて、遊女は小指に包帯を巻いて、それを客に差し出すのだとか。

入黒子《いれぼくろ》
腕に愛する人の名を「○○命」などと掘り込んで互いの真情を示すためにするもの。

母の名は 親仁の腕に
しなびてゐ
雑俳『柳多留《やなぎだる》』

男色のことば

男色《なんしょく／だんしょく》

男性の同性愛。

衆道《しゅどう》・若道《じゃくどう／にゃくどう》

美少年と恋愛をすること。男性が少年を愛すること。「**若道狂**」は、美少年との恋愛におぼれて遊びにふけること。

「今こそあれわれもむかしは衆道ずきのひが耳にや」　芭蕉『貝おほひ』

若衆《わかしゅ／わかしゅう》

年若い者。とくに男色を売ることを業とする元服前の男子をいうが、ほかに、美しい少年のこともいう。また、歌舞伎役者で、舞台に出るかたわら男色を売った者の意もある。**歌舞伎若衆**。**歌舞伎子**。**舞台子**。**色子**《いろこ》。**陰子**《かげこ》。

小小姓《こごしょう》・児小姓《こごしょう》

まだ元服していない年若い小姓。

美少年《びしょうねん》

顔かたちの美しい少年。美貌の少年。また、男色を売る少年。**美少人**。

薄氷や　我を出で入る　美少年　永田耕衣

稚児《ちご》

赤子、小児の意味のほかに、寺院や公家、武家などに召し使われた少年。転じて一般に男色の対象となる少年をもいう。

月澄むや　孤《きつね》こはがる　児《ちご》の供　芭蕉

陰間《かげま》

まだ舞台に出ていない少年の歌舞伎俳優。また、宴席に侍《はべ》って男色を売った少年。**陰舞**《かげまい》。**陰郎**《かげろう》。**陰間子**《かげまこ》。

飛子《とびこ》

諸国を回って男色を売る若衆。旅かせぎの陰間。**とんびっこ**。**旅子**《たびこ》。

念者《ねんじゃ》

男色の関係で、若衆を寵愛する人。衆道の兄分。

ことわざ

あ

秋茄子《あきなすび》嫁《よめ》に食《く》わすな

「秋なすは味がよいから嫁には食べさせるな」ということ。つまり、しゅうとめの嫁いびりの意に解するのが最も普通。「なすびを食べて体が冷えると、子種に恵まれない」というのが、しゅうとめ側の言い分とか。

悪女《あくじょ》の深情《ふかなさ》け

「悪女」は醜女《しこめ》のこと。醜い女のほうが美人に比べて情が深いということ。また、ありがた迷惑のたとえ。

東男《あずまおとこ》に京女《きょうおんな》／京女郎《きょうじょろう》

男は、たくましく、いなせな江戸の男がよく、女は、美しく、情のある京都の女がよい。絵になる組合せ。

熱《あつ》い物《もの》は冷《さ》めやすい

熱くなったものは冷めるのも早い。物事に熱中しやすい者はまた飽きるのも早い。これは、恋愛についても当てはまる。

痘痕《あばた》も靨《えくぼ》

好きになると相手のあばたでもえくぼのように見える意から、惚れていると相手の欠点も欠点とは見えないで、長所のように見えるものだということ。また、ひいき目で見れば醜いものも魅力的に見える意にいう。

網目《あみのめ》にさえ恋風《こいかぜ》がたまる

不人情な人でさえ、恋にはまったく無関心ではいられない、というたとえ。遊女にもまれには真実の恋があるなどの場合に用いる。

合《あ》わせ物《もの》は離《はな》れ物《もの》

合わせて一つにした物は、いつかは離れる。このことから、縁で結ばれた者にも、いつかは別れるときがやってくるという意味。「破《わ》れ鍋に綴じ蓋」ということわざもあり、これは至らぬ者同士、似合いの夫婦が仲よく暮らしているということ。

石部《いしべ》金吉《きんきち》

「石」も「金」も堅い物の代名詞。それらを人の姓と名にそれぞれ入れた擬人名。人の心の動き、感情の機微にうとい人や、何事につけ融通のきかない人に当てつけて用いる。とりわけ、恋する男女の間の心情を解することのできないお堅い人のこと。

磯《いそ》の鮑《あわび》の片思《かたおも》い
鮑が一枚貝、つまり片貝であることから、自分だけが相手を思っていること。

厭《いや》じゃ厭《いや》じゃは女《おんな》の癖《くせ》
女性が男性に口説かれて、「いやだ、いやだ」と言うのは、女性のいつもの口癖のようなものである、ということ。羞恥心からだろう。

色男《いろおとこ》金《かね》と力《ちから》は無《な》かりけり
女が好くような美男子には、金と腕力がない意。貧しくて非力な自称色男も言いたがることわざ。

色男《いろおとこ》味噌《みそ》
自分を色男と信じて自慢すること。「味噌」は自慢の意。

色男《いろおとこ》を言《い》う
自分がいかにも女性にもてるかのように話すこと。

色好《いろごの》みの果《は》ては怪《あや》しき者《もの》にとまる
色々と多くの女をより好みすることを続けていると、結局は、変なつまらない女と一緒になることになる。選んで糟を掴む。

色《いろ》の白《しろ》いは七難隠《しちなんかく》す
色白の女性は、少しぐらい難点があっても、目立たない。美白化粧品が売れるわけ。

英雄色《えいゆういろ》を好《この》む
英雄は精力があふれているため、女色を好む傾向が強いということ。

男《おとこ》は度胸《どきょう》、女《おんな》は愛敬《あいきょう》
男には度胸、女には愛敬が必要だ、の意。いまは逆、という説も。

男《おとこ》やもめに蛆《うじ》がわき、女《おんな》やもめに花《はな》が咲《さ》く
妻をなくして、ひとりでいる男性は、世話をしてくれていた妻がいなくなり、家の中も身なりもきたなくよごれてしまうが、夫をなくして、ひとりでいる女性は、夫の世話をしなくなった分、自分の時間が持てて、外見や服装などが、きれいになるので、周りの男性が捨ておかず、ちやほやして、はなやかになるということのたとえ。

思《おも》い面瘡思《おもくさおも》われ面皰《にきび》
人を恋しく思ったり、誰かから恋しいと思われたりすると、顔ににきびが出るということ。思春期の病症。

思《おも》うに別《わか》れて思《おも》わぬに添《そ》う
好きな人と結ばれないで、好きでもない人と結ばれる意で、恋のままならぬことのたとえ。

及《およ》ばぬ恋《こい》は馬鹿《ばか》がする
到底かないそうもない恋だと分かれば、普通の人ならすぐにあきらめてしまうが、愚かな者はそれでもなお望みのない恋をし続けるという。「馬鹿の一念」で望みのものを得ることもある。

か

雲《くも》となり雨《あめ》となる
人の心などがすぐに変わりやすいこと。男女の情交をもいう。

恋《こい》と哀《あわ》れは種一《たねひと》つ
相手をかわいそうだと思ったときは、すでに恋をしているということで、ともに同じ心から生じているという意。夏目漱石は「三四郎」の中で、英語のことわざ「Pity is akin to love.」（憐れみは恋愛に近い）を登場人物に「可哀想だた惚れたって事よ」と訳させた。

恋《こい》に上下《じょうげ》の隔《へだ》て無《な》し
恋愛には身分の上下の区別はない。だからおもしろい。

恋《こい》には身《み》をやつせ
恋は、ちょっとやそっとの苦労や努力でうまく行くはずはない。だから、恋をするには、まめでなければならない。メールもちゃんとチェックしなければ。

恋《こい》の上荷《うわに》を撥《は》ねる
人目を忍んで他人の恋人と通じること。

恋《こい》の道《みち》には女《おんな》が賢《さか》しい
恋をすることに関しては、男性よりも女性のほうが、そのやり方がとても上手で、要領よくやっていくことができるということ。

恋《こい》は曲者《くせもの》
恋のためには心も乱れ、思いがけないことをしでかすというたとえ。恋は心を乱すやっかいなものである。

恋《こい》は思案《しあん》
恋のなりゆきは常識でおしはかることができないの意。「恋は思案の外《ほか》」。「恋は心の外」。

恋《こい》はし勝《が》ち
恋は積極的にしかけたものが勝ちで、競争相手への遠慮は無用であるの意。恋は面面稼ぎ。

恋《こい》は人《ひと》の外《ほか》
恋は貴卑、賢愚の別なく、誰もが理性を失って迷うものだということ。

恋《こい》は盲目《もうもく》
恋は人を夢中にさせ、理性や常識を失わせるものだというたとえ。

恋《こい》は闇《やみ》
恋は人の理性を失わせるということ。また、恋の逢瀬には闇がふさわしいなどの意に転用されることもある。

小糠三合《こぬかさんごう》あったら婿《むこ》に行《い》くな
男は、わずかでも蓄えがあれば、

婿や養子にはなるな、ということ。嫁の父母と嫁に一生頭が上がらない。

さ

据《す》え膳《ぜん》食《く》わぬは男《おとこ》の恥《はじ》

女のほうから働きかけて、誘っているのに、男が誘いに応じようとしないのは、男として恥ずかしいことであるということ。

た

近《ちか》おとり

遠くで見るとスタイルのよさに感嘆するが、近くで見ると、顔立ちや肌色などがそれにともなわないということ。

近《ちか》まさり

近くで見ると、遠目で見るよりもまさって見えること。肌がきれいだったり、目がうつくしかったり。

遠《とお》くて近《ちか》きは男女《だんじょ》の仲《なか》

男と女の関係は、遠く離れているように見えても、思いがけず、近くにいる関係であるということ。「その手代その下女昼はものいはず」という川柳があるが、夜は近く、昼は遠いところにいる二人。

な

鳴《な》く蝉《せみ》よりも鳴《な》かぬ蛍《ほたる》が身《み》をこがす

好いた惚れたとあからさまに言う人より、口に出して言わない人の方が心の中では深く思っているというたとえ。

夏《なつ》の温石《おんじゃく》と傾城《けいせい》の心《こころ》とは冷《つめ》たい

「温石」は焼いた軽石などを布に包み懐炉とするもの。傾城の恋は計算ずくでまことがないということ。

は

鼻毛《はなげ》を読《よ》む

女が、その色香にまよっている男の弱みにつけこんで、思いのままに弄《もてあそ》ぶこと。「鼻毛を読まれる」という。弄ばれた男は鼻息の荒い、無防備な男はご用心。

美女《びじょ》は醜婦《しゅうふ》の仇《あだ》
美しい女性は、みにくい女性に嫉妬されて、憎まれるということ。「女の敵は女」ともいわれる。

人《ひと》には添《そ》うてみよ馬《うま》には乗《の》ってみよ
親しく交わってみなければ、その人の本質はよくわからない。何事も実際に働きかけて試してみなければ本当のことがわからない。一度のお見合いで嫁がなければならない娘に母親が言いきかせた。

百年《ひゃくねん》の恋《こい》も一時《いちじ》に冷《さ》める
思いがけないことを知ったために、長い間続いてきた愛情が、いっぺんになくなってしまうような心持がする。つまりそれまで相手を美化していたのである。

惚《ほ》れた病《やまい》に薬《くすり》なし
恋の病には治す薬はない。江戸時代には、相手に惚れさせる惚れ薬というものがあって、いもりの黒焼などを原料にしたそうだ。

惚《ほ》れた欲目《よくめ》
惚れた相手を実際よりもよく思ってしまうこと。

惚《ほ》れて通《かよ》えば千里《せんり》も一里《いちり》
惚れた相手の所に通うのであれば、遠い道のりも短く感じられるということ。遠距離恋愛の人たちは言われるまでもなく納得している。

ま

水《みず》に燃《も》え立《た》つ蛍《ほたる》
水を「見ず」にかけて、恋する相手に会えない苦しみのこと。

本木《もとき》にまさる末木《うらき》なし
何回とりかえてみても、最初のものほどよいものは見つからない。おもに男女関係、つまり初恋についていう。

や

焼餅《やきもち》焼《や》くとて手《て》を焼《や》くな
嫉妬はえてして自分に禍がふりかかるから、たいがいにしたほうがいいということ。

夜目遠目笠《よめとおめかさ》の内《うち》
女性は、夜見たとき、遠くから見たとき、また笠の内から顔の一部が見えるときに、つまりあまりよく見えないときが想像力をかきたて、より美しく見えるという意。

わ

破《わ》れ鍋《なべ》に綴《と》じ蓋《ぶた》
至らぬ者同士の夫婦が仲よく暮らしているということ。

地名

◉北海道

愛国駅《あいこくえき》・幸福駅《こうふくえき》

帯広市の愛国町と幸福町にある旧国鉄広尾線の駅。昭和四十八（一九七三）年にＮＨＫの『新日本紀行』で紹介されたのをきっかけに、「愛の国から幸福へ」のキャッチフレーズとともに、愛国駅から幸福駅行きの切符を買うことがブームとなった。広尾線は昭和六十二年に廃止されたが、愛国駅は交通記念館として保存され、幸福駅も木造駅舎と板張りのプラットホームが保存されている。愛国町の名の由来は、地域の青年会の名から。幸福町の名の由来は、旧名が幸震《さつない》村だったことと入植者に福井県人が多かったことによる。

幸福駅（帯広市商工観光部観光課提供）

◉東北

恋《こい》ノ峠《とうげ》

釜石市両石《りょういし》町から鵜住居《うのすまい》町に抜ける峠。かつて大津波があったときに大波が峠をかぶり、臼が流れ越したと伝えられ、いつしか「越《こし／こえ》」が「恋」に転じたとされる。

恋《こい》し浜駅《はまえき》

岩手県大船渡《おおふなと》市三陸《さんりく》町綾里《りょうり》小石浜《こいしはま》にある三陸鉄道南リアス線の駅。昭和六十年に小石浜駅として設置され、平成二十一（二〇〇九）年に地元特産の「恋し浜ホタテ」にちなんで改称された。ホタテの貝殻に恋の願いを書いて、絵馬として待合室にかけることができる。綾里という地名は、綾《あや》を織った姫がいたことに由来。

信夫《しのぶ》

福島県福島市西部の旧郡名。「忍」とも書く。名の由来は、「篠生」（ササが生える）とされるが不詳。百人一首にも選ばれた源融《とおる》の「陸奥《みちのく》のしのぶもぢずり誰《たれ》ゆゑに乱れんと思ふわれならなくに」（古今和歌集）の歌の舞台として知られる。歌は、「信夫で作られる信夫もちずりの乱れ模様のように私の心は乱れているが、あなた以外の誰のせいで、こんなに思い乱れたりするものか……」という意味。信夫もちずりは、石に草木をこすりつけて絹に染色したものとされ、福島市山口

安洞院の信夫文知摺石（福島市教育委員会提供）

の安洞院には、信夫文知摺《もちずり》石が残されている。源融と地元の長者の娘・虎女との恋物語も伝わり、歌は虎女にあてたものとされる。

◉関東

恋瀬川《こいせがわ》

茨城県西部の筑波山東面に発して石岡市（旧恋瀬村）付近で霞ヶ浦に注ぐ川。鯉の多い川「鯉瀬川」が転じたといわれる。

嬬恋《つまごい》

群馬県の西端、浅間山、白根山、四阿《あずまや》山などに囲まれた高原地帯。名の由来は、日本武尊《やまとたけるのみこと》が碓氷《うすい》峠で妻弟橘媛《おとたちばなひめ》をしのび「吾嬬《あづま》はや」と三嘆した故事による。

妻恋町《つまごいちょう》（妻恋）

現東京都文京区湯島三丁目の北東方。神田明神の裏手北側。名は同地の妻恋稲荷から取られた。南側の妻恋坂には江戸時代に岡場所があった。

妻恋稲荷

恋文横丁《こいぶみよこちょう》

東京都渋谷区道玄坂二‐二十九。昭和二十三年、進駐軍兵士へのラブレターを代筆する店があり、それにちなんで名付けられたという。丹羽文雄の『恋文』という小説で有名になった。現在はビル街になった。

恋ヶ窪《こいくぼ》

東京都国分寺市。東恋ヶ窪、西恋ヶ窪に分かれる。中世、鎌倉街道の宿駅があり、遊女が多くいたといわれる。鯉ヶ窪。

◉中部

恋ヶ浦《こいうら》

佐渡島の西岸、新潟県佐渡市真野《まの》の海岸。真野にはかつて佐渡の国府があり、「国府の浦」が転じたといわれる。

承久の変で流刑になった順徳上皇が上陸した地とされ、同じく隠岐に流刑になった父・後鳥羽上皇を偲んだ「いざさらば磯打つ波にこと問はむ隠岐のかなたに何事かある」の歌が伝わる。司馬遼太郎の小説「胡蝶の夢」の主人公、司馬凌海《りょうかい》の出身地としても知られる。

恋路海岸《こいじかいがん》（恋路物語）

石川県鳳珠《ほうす》郡能登町内浦地区（旧恋路村）にある海岸。能登半島の先端部、富山湾に面し、奇岩と弁天島のある女性的な景勝地。恋敵のために男が海に溺れ死にし、娘もその後を追ったという悲恋伝説があり、ブロンズの男女像が浜辺に立つ。七月には二人の霊を慰める火祭が行なわれる。のと鉄道恋路駅名の入った切符は人気があったが、平成十七年の穴水駅‐蛸島《たこじま》駅間の廃線に伴い、駅も廃駅となった。

恋路海岸（能登町ふるさと振興課提供）

恋《こい》の松原《まつばら》

福井県若狭町と美浜町にまたがる、三方五湖の水月湖の東岸の松原。美浜町気山に宇波西《うわせ》神社があり、土地の人はこの社の東北を「こみの松原」と呼んだことから。

ほのかにも なほ逢ふことを 頼
みてや 恋の松原 茂りそめけん
駿河

妻籠《つまご》

長野県木曽郡南木曽町にある旧中山道の宿場町。馬《ま》籠《こめ》峠を挟んで馬籠宿と相対する。「妻」は着物の褄《つま》と同じ意味で先端のこと、「籠」は込めることで、いちばん先端にある集落という意味。

妻籠宿（妻籠観光協会提供）

恋路《こいじ》ヶ浜《はま》

愛知県南部の渥美《あつみ》半島先端、伊《い》良湖《らご》岬灯台から日《ひ》出《い》の石門までの白い砂浜。名の由来は、高貴な男女の恋伝説から。「名も知らぬ遠き島より／流れ寄る椰子《やし》の実一つ」という島崎藤村の詩「椰子の実」の舞台として知られる。

恋路ヶ浜（渥美半島観光ビューロー提供）

恋《こい》の水《みず》神社

愛知県知多郡美浜町奥田中白沢の神社。允恭《いんぎょう》天皇に遣わされた藤原仲奥が泉を見つけて、この地の名称を土地の者に尋ねたところ「知らぬ」と返されたので、「尾張なる野間の知らぬ沢踏み分けて君が恋しし水を汲む哉」と詠じた。そこから泉を「恋の水」、神祠を「恋の水神」と称した。貴族の娘が家臣との道行の途中、泉のほとりで落命した伝説もあり、縁結びの神として信仰される。

恋の水神社

近畿

恋《こい》の湊《みなと》

伊賀の国府近くの河港。現三重県伊賀市西条に属し、川久保の地名を残すのみ。遊女町があったため、「国府の湊」が転訛した。

逢坂《おうさか》

滋賀県大津市。山城国（京都府）と、近江国（滋賀県）の境の逢坂山にある。

逢坂の 名をもたのまじ 恋すれば
関の清水に 袖もぬれけり
白河天皇

恋《こい》野《の》村《むら》

現和歌山県橋本市恋野。『続風土記』に「雲雀山といふ山あり其南十町許山中に中将カ倉といふ岩あり、中将姫の住みし処といひ伝ふ」という中将姫伝説が記されている。雲雀《ひばり》山の近くに中将姫が通ったという「糸の懸橋」や織った布を掛けたという「布経の松」、従者松井嘉藤太が食事を運んだという「運御堂」などが残る。

中国

恋《こい》ケ浜《はま》

広島県呉市の上蒲刈島《かみかまがりじま》の南岸の海岸で、海水浴場として知られる。地名の由来は、朝鮮出兵の際に日本に連れてこられた娘の望郷の念から名づけられたという説、もしくは伊予の漁師と地元の娘の悲恋物語からという説もある。

四国

恋《こい》ノ木《き》村《むら》

現愛媛県大洲市恋木《こいのき》。市街地の北東方、妙見山の南東面に位置する。慶安元（一六四八）年の文書にこの村名が見えるが、語源は不明。明治初年の人口は三六五人、コウゾとハゼが特産だった。

◉九州

恋路島《こいじしま》

熊本県水俣市の島。別名「小路島」や「コキ島」と呼ばれる。若い武将とその妻が死別した恋物語が伝わる。一時キャンプ村として海水浴場などに利用されたが、水俣病発生以後閉鎖された。本土側にあるエコパーク水俣内にある「恋路島を臨む親水公園」には、ハート型のモニュメントがある。

恋之原村《こいのはるむら》

現鹿児島県日置市伊集院町恋之原。古くは「小井ノ原」と表記され、天文年間（一五三二―五五）の文書に恋之原村という村名が見える。北東部に残る為朝原《ためともはる》という地名は、源為朝が当地に来て長者の娘と恋に落ちたという伝説によるとも、為朝が八丈島に流された後、当地に住んだ跡ともいう。

恋路島（水俣市提供）

恋泊村《こいどまりむら》

現鹿児島県熊毛郡屋久島町小島《こしま》。明暦三（一六五七）年頃の屋久島大絵図では「小湯泊」と記されている。宝永五（一七〇八）年、イタリア人宣教師シドッチがこの地に上陸し、海岸の山中で百姓・藤兵衛に発見された。

◉沖縄

恋島《くいじま》

沖縄県国頭《くにがみ》郡今帰仁《なきじん》村の古宇利《こうり》島の異名。かつては「郡《こおり》島」と呼ばれ、方言では「海を越えた向こう」の意で「フイ」や「クイ」ともいう。この島の男子と女子が産んだ子たちが沖縄の島々に移り住んだという、アダムとイブの物語を思わせる島建て神話があり、恋島とも呼ばれる。ティーヌ浜には、ハート型をした岩「ハートロック」があり、カップルに人気。

（地名の項は株式会社デコ作成）

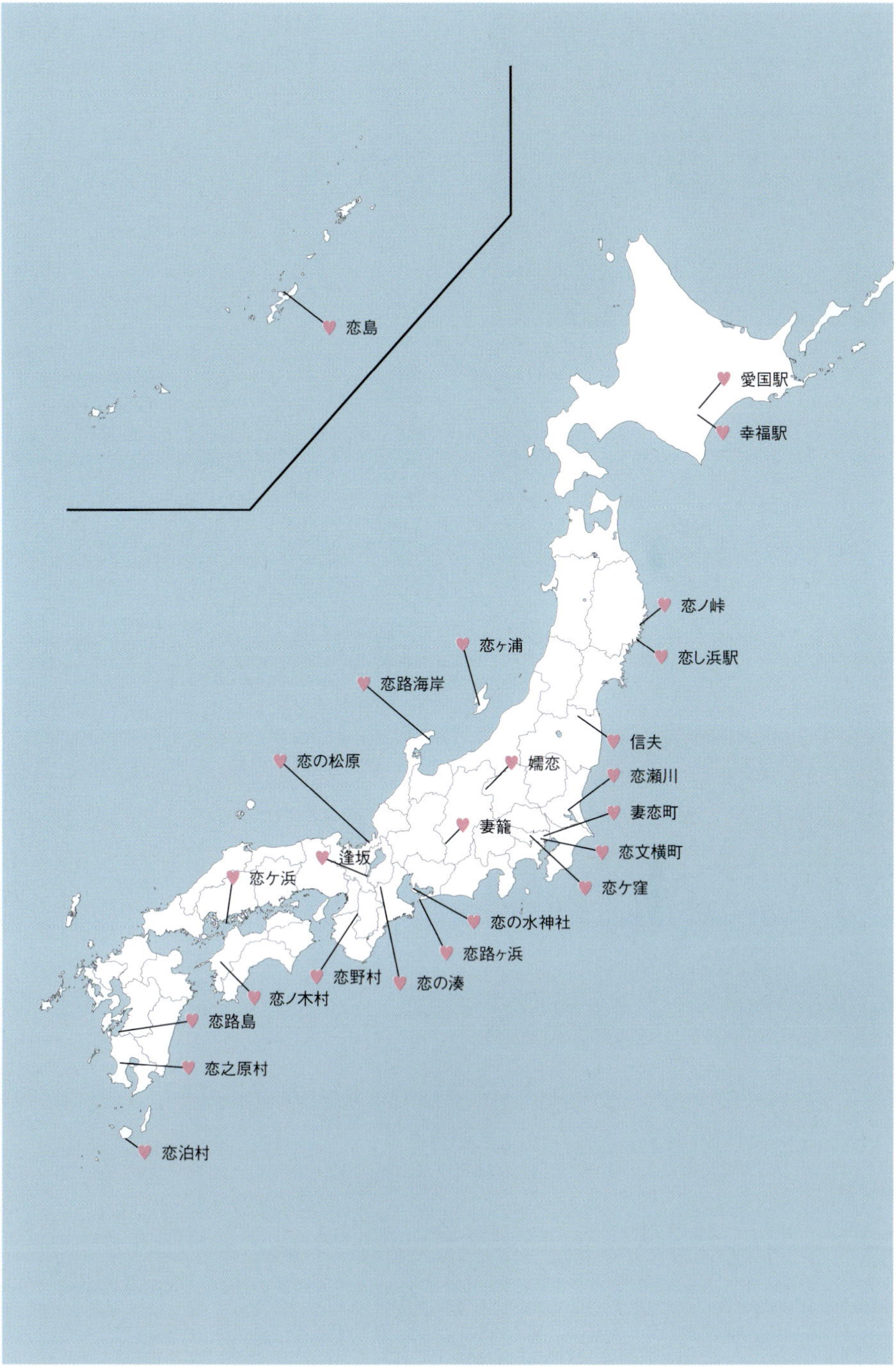
恋島
愛国駅
幸福駅
恋ノ峠
恋し浜駅
恋ヶ浦
恋路海岸
信夫
嬬恋
恋の松原
恋瀬川
妻恋町
妻籠
逢坂
恋文横町
恋ケ浜
恋ケ窪
恋の水神社
恋路ヶ浜
恋野村
恋の湊
恋ノ木村
恋路島
恋之原村
恋泊村

春

猫《ねこ》の恋《こい》

早春、さかりのついた猫が物狂おしく鳴いたり、走ったりする様子。**猫の妻恋**、**猫の妻**、**仇猫**、**恋猫**、**猫さかる**、**猫つむる**、**たわれ猫**、**春の猫**。

恋猫の 鳴かぬ顔して
もどりけり
一茶

妻恋鳥《つまこいどり》

雉《きじ》の異名。雉は春の季語。春になると雄が雌を鋭い鳴き声で呼び、哀れを感じさせた。また小鳥の「**囀**《さえずり》」、「**鳥交**《さか》**る**」も鳥の求愛活動であり、ともに春の季語。

春の野に あさる雉《きぎし》の
妻恋《つまごひ》に 己《おの》があたりを
人に知れつつ
大伴家持

SVD

バレンタインデー

二月十四日。三世紀頃ローマで殉教死した聖バレンタインの祭日。日本では、女性が男性に愛を告白し、チョコレートなどの贈り物をする日とされる。**ホワイトデー**は、男性がバレンタインデーの贈り物のお返しとして、女性にキャンディーなどを贈る日。三月十四日。

若駒《わかごま》・春駒《はるこま》

春の生気あふれる若い馬の意。歌では、旺盛な食欲が妻の切ない恋心を表すものとして用いられる。

春の野に 草食《は》む駒《こま》の 口止《や》まず
我《あ》を偲《しの》ぶらむ 家《いへ》の児《こ》ろはも
よみ人しらず『万葉集』
（家の児ろ＝家の妻）

夏衣《なつぎぬ／なつごろも》

夏の着物。夏着。恋歌では恋人の愛情がうすくなることへの惧《おそ》れなどとともに歌われる。

何となく 匂ひならねど
とりいでて 去年《こぞ》なつか
しき 夏衣かな
香川景樹

あはれ妻 人の夏衣を
縫ふあはれ
杉田久女

夏草《なつくさ》

恋に悩む心が、夏の繁った草にたとえられた。

これを見よ 上はつれなき
夏草も 下はかくこそ
思ひみだるれ
清少納言

夏草や 夜のさびしさは
耐へがたき
中村汀女

夏《なつ》の夜《よ》

夏の夜は、明けやすく短いことから、それをうらむ気持ちが歌に詠まれた。

夢よりも はかなきものは
夏の夜の あかつきがたの
別れなりけり
壬生忠岑

夏の夜に 恋しき人の
香をとめば 花たちばなぞ
しるべなりける
よみ人しらず
『後撰和歌集』

恋鳥《こいしどり》

ホトトギス（時鳥、杜鵑）の異名。**妹背鳥**。「死出の山越えて来つらむほととぎす恋しき人のうへ語らなむ」という伊勢の歌（『拾遺和歌集』）から。日本には初夏に渡来。

鍋冠祭（米原市役所商工観光課提供）

筑摩《つくま》鍋《なべ》

滋賀県米原市にある筑摩神社の春の祭礼に、女が関係した男の数だけかぶったという鍋。**筑摩の鍋**。現在は女児が鍋をかぶり、「鍋冠祭《なべかんむりまつり》」と呼ばれている。

近江《あふみ》なる 筑摩の祭
とくせなむ つれなき人の
なべのかず見む
『伊勢物語』

今一度 婆々もかぶれよ
つくま鍋
一茶

星《ほし》の恋《こい》

七月七日の**七夕**の夜に**牽牛星**《ひこぼし》と**織女星**《おりひめぼし》が年に一度の逢瀬をもつこと。**星合**《ほしあい》。**星の逢瀬**。**秋の契り**。**星の契り**。陰暦では、秋の季語とする。仙台などでは七夕祭りが八月に行なわれているが、そのほうが陰暦の七夕の夜に近い。この行事は中国の乞巧奠《きこうでん》の祭と、日本古来の棚機《たなばた》つ女《め》の伝説とが習合したもので、すでに奈良時代に宮中の儀式としてとり行われていた。中国の乞巧奠は、女性が手芸の上達を祈る祭りである。一方、日本の棚機つ女は神を迎える女性なので、翌日、人びとは禊《みそぎ》を行ない、神を送る。今日では、願いごとを短冊に書いて笹竹に飾る。字が上手になるといわれている。

恋《こ》ひ恋ひて 逢《あ》う夜《よ》は今夜《こよひ》
天《あま》の河《がわ》 霧立ちわたり
あけずもあらなん

よみ人しらず
『古今和歌集』

七夕や 髪ぬれしまま
人に逢ふ

橋本多佳子

妻迎船《つむかえぶね》

妻を迎えに行く船。七夕に、牽牛星が織女星を迎えに行くときに乗った船。**妻越し船**。

彦星《ひこぼし》の 妻迎へ舟 漕《こ》ぎ
出らし 天の河原に 霧
の立てるは

山上憶良《おくら》

秋《あき》の七日《なぬか》の衣《ころも》

牽牛、織女二星の衣。後朝《きぬぎぬ》の別れだろう。別離の涙に濡れているものとされる。

有明月《ありあけづき》・有明《ありあけ》の月《つき》

十六夜以後の月。夜が明けても天に見えている月。

有明《ありあけ》の つれなく見えし
別れより 暁ばかり
憂きものはなし

壬生忠岑

帰るさの ものとや人の
ながむらむ 待つ夜なが
らの 有明の月

藤原定家
（女性の身になっての作。
「人」は相手の男）

待宵《まつよい》

来ることになっている人を待つ日暮れ。満月の前夜の月をさす。くもりや雨で月が見えないかもしれないと思う気持ちが、現われないかもしれない人を思う気持ちと重なる。

待つ宵に 更けゆく鐘の
声聞けば あかぬ別れの
鳥はものかは

小待従

妻恋草《つまこいぐさ》

紅葉の異名。古来、紅葉によく映えるのは鹿であるとされ、妻を恋いもとめて鳴くことからつけられた。鹿は「**紅葉**《もみじ》**鳥**《どり》」の異名をもつ。

をぐら山 しぐるるころは
鳴く鹿の 妻こひ草の
色も残らず

順徳院

恋教鳥《こいおしえどり》

セキレイの異名。**恋知鳥**。伊邪那岐《いざなぎ》、伊邪那美《いざなみ》の二神がこの鳥の所作から交合の方法を学んだという神話による。

千鳥《ちどり》

冬、河辺や海辺に群がるチドリは、雌雄が離れないところから、和歌では古来、妻や友を恋い慕って、鳴くとされた。冬の身にしみいる寒さのなかで、人恋しく悲しげに鳴く声として印象づけられている。

思《おも》ひかね 妹《いも》がり行《ゆ》けば
冬の夜の 川風さむみ
千鳥鳴くなり
紀貫之

吹き別れ 吹き別れても
千鳥かな
千代女

photolibrary

水祝《みずいわ》い

婚姻習俗の一つ。婿入り・嫁入りの際に、または翌年の正月に、親戚や友人が集まって、新郎に水を浴びせて祝福するもの。この手荒な祝意は喧噪のあまり死者が出るようなこともあって、江戸時代には何度か禁令が発せられた。**花水祝い**。**水浴びせ**。**水浴ぶせ**。**水かけ**。**水かけの寿**。**水かけ祝**。**水の賀**。新年の季語。

鼻たれの 男なりけり
水祝
虚子

新潟県魚沼市堀之内の雪中花水祝
（一般社団法人魚沼市観光協会提供）

常陸帯《ひたちおび》

正月十四日に、常陸国の鹿島神宮で行なわれた結婚占いの神事。女性に求婚者が複数あるとき、一つの帯に自分の名を、別のには男性の名を記し、禰宜《ねぎ》や巫女がその先を結び合わせて、結婚の相手を占った。後世、肥立《ひだち》帯の意にかけて、安産のお守りとし帯を授けるようになった。**帯占《おびうら》**。新年の季語。

東路《あずまぢ》の 道の果《は》てなる 常
陸帯の かごとばかりも
逢はんとぞ思ふ
よみ人しらず
『新古今和歌集』
（かごと＝ほんの少し。常陸帯の
締金の「かこ」との懸けことば）

仮りにだに 我名しるせよ
常陸帯
松瀬青々

鹿島神宮の常陸帯（鹿島神宮提供）

索引

・見出し語および本文中に太字で掲出した語を五十音順に掲げ、読みとページ数を付した。
・ただし、掲出の便宜上、ことわざについては読みを省略した。

あ

相合傘（あいあいがさ） 49
愛縁奇縁・合縁奇縁・相縁奇縁（あいえんきえん） 55
愛悪（あいお） 73
相生・相老（あいおい） 58
愛河（あいが） 73
相傘（あいがさ） 49
愛国駅（あいこくえき） 142
愛着（あいじゃく） 72
愛人（あいじん） 118
愛染（あいぜん） 72
愛憎（あいぞう） 73
相対死（あいたいじに） 121
逢引き（あいびき） 118
哀慕（あいぼ） 116
相惚（あいぼれ） 49
愛人（アイレン） 118
愛恋（あいれん） 48
会う恋・逢う恋（あうこい） 48
あえか 128
暁の恋・暁恋（あかつきのこい） 64
暁の別れ（あかつきのわかれ） 64
あかぬ別れ（あかぬわかれ） 97
あき飽かる（あきあかる） 78
秋風（あきかぜ） 79
秋茄子嫁に食わすな 137
秋の風（あきのかぜ） 79
秋の空（あきのそら） 79
秋の契り（あきのちぎり） 150
秋の七日の衣（あきのなぬかのころも） 150
憧る（あくがる） 26
憧れる（あくがれる） 26
憧れ初む（あくがれそむ） 26
憧れ果つ（あくがれはつ） 26
憧れ勝る（あくがれまさる） 26
憧れ惑う（あくがれまどう） 26
憧れ寄る（あくがれよる） 26
憧れ渡る（あくがれわたる） 26
悪所（あくしょ） 134
悪女の深情け 137
揚屋（あげや） 134
東男に京女 137
遊女（あそびめ） 134
徒徒し（あだあだし） 80
徒心（あだごころ） 80
徒心（あだしごころ） 80
徒名・仇名（あだな） 80
徒情け（あだなさけ） 80
徒な枕（あだなまくら） 80
徒に結ぶ（あだにむすぶ） 80
徒の契り（あだのちぎり） 80
徒の情（あだのなさけ） 80
徒の枕（あだのまくら） 80
徒の悋気（あだのりんき） 74
徒人（あだびと） 80
熱い物は冷めやすい 137
あどけない 128
痘痕も靨 137
アバンチュール 85
網目にさえ恋風がたまる 137
有明月（ありあけづき） 150
有明の月（ありあけのつき） 150
合わせ物は離れ物 137
許嫁・許婚（いいなずけ） 54
生愛染（いきあいぜん） 45
粋事（いきごと） 85
石部金吉 137
磯の鮑の片思い 138
抱く（いだく） 60
いたずら心（いたずらごころ） 80
一夜妻（いちやづま） 134
居続（いつづけ） 135
一時恋（いっときこい） 52
糸による恋（いとによるこい） 53
暇の状（いとまのじょう） 101
妹（いも） 57
妹背鳥（いもせどり） 149
厭じゃ厭じゃは女の癖 138
入黒子（いればくろ） 135
いろ 85
色歌（いろうた） 131
色噂（いろうわさ） 133
色男（いろおとこ） 85
色男金と力は無かりけり 138
色男味噌 138
色男を言う 138
色女（いろおんな） 85
色敵（いろがたき） 46
色歌舞伎（いろかぶき） 133
色かぶれ（いろかぶれ） 84
色鎌（いろがま） 41
色神（いろがみ） 45
色狂（いろぐるい） 132
色気（いろけ） 132・133
色気白歯（いろけしらは） 133
色子（いろこ） 136
色恋（いろこい） 132
色講釈（いろこうしゃく） 133
色心（いろごころ） 132
色事（いろごと） 85・132
色好みの果ては怪しき者にとまる 138
色里（いろざと） 134
色様（いろさま） 133
色芝居（いろしばい） 133
色上手（いろじょうず） 85
色不知（いろしらず） 85・133
色知（いろしり） 85
色玉章（いろたまずさ） 40
色談義（いろだんぎ） 133
色尽（いろづくし） 132
色尽（いろづくめ） 132
色手本（いろでほん） 133
色取・彩（いろどり） 85
色取男（いろどりおとこ） 85
色取娘（いろどりむすめ） 85
色の白いは七難隠す 138
色始（いろはじめ） 12
色話（いろばなし） 133
色婆（いろばばあ） 88
色文（いろぶみ） 40
色本（いろほん） 133
色目（いろめ） 40
色目遣（いろめづかい） 40
色めく（いろめく） 133
憂い（うい） 110

初枕（ういまくら） 60
浮から女（うからめ） 134
浮かれ人（うかれびと） 10
浮かれ女（うかれめ） 10・134
浮かれ者（うかれもの） 10
浮き名（うきな） 80
憂し（うし） 110
薄情（うすなさけ） 81
泡沫人（うたかたびと） 32
転寝（うたたね） 27
うたた眠り（うたたねむり） 27
歌比丘尼（うたびくに） 135
腕枕（うでまくら） 60
心恋（うらごい） 22
恨めし（うらめし） 110
恨めしい（うらめしい） 110
浮気（うわき） 84
後妻打（うわなりうち） 101
雲雨（うんう） 60
英雄色を好む 138
縁（えにし） 55
エロ 132
エロチシズム 132
縁（えん） 55
遠距離恋愛（えんきょりれんあい） 52
縁切寺（えんきりでら） 101
艶書（えんしょ） 40
艶聞（えんぶん） 80・133
艶本（えんぽん） 133
老いらくの恋（おいらくのこい） 88
花魁（おいらん） 134
逢坂（おうさか） 145
逢瀬（おうせ） 118
岡場所（おかばしょ） 134
岡惚れ（おかぼれ） 20
岡やき（おかやき） 74
屋烏の愛（おくうのあい） 27
男は度胸、女は愛敬 138
男やもめに蛆がわき、女やもめに花が咲く 138
帯占（おびうら） 151
帯紐解く（おびひもとく） 60
思い面瘡思われ面皰 138
思い川（おもいがわ） 17
思い人（おもいびと） 32
思瘦（おもいやせ） 31
思うに別れて思わぬに添う 138
面影（おもかげ） 107
思われ人（おもわれびと） 32
及ばぬ恋は馬鹿がする 138
織女星（おりひめぼし） 150
女狂い（おんなぐるい） 132

か

解語の花（かいごのはな） 21
垣間見（かいばみ） 20
垣間見（かいまみ） 20
偕老同穴（かいろうどうけつ） 58
駈入寺（かけいりでら） 101
駆落（かけおち） 120
陰子（かげこ） 136
駆込寺（かけこみでら） 101
陰間（かげま） 136
陰舞（かげまい） 136
陰間子（かげまこ） 136
陰郎（かげろう） 136
片思い（かたおもい） 20
仇猫（かたきねこ） 148
片恋（かたこい） 20
片手結び（かたてむすび） 45
片膝結び（かたひざむすび） 45
形見（かたみ） 116
片結（かたむすび） 45
歌舞伎子（かぶきこ） 136
歌舞伎若衆（かぶきわかしゅう） 136
髪切（かみきり） 135
禿（かむろ） 134
通路（かよいじ） 16
通い窓（かよいまど） 118
通い路（かよいみち） 16
仮寝（かりね） 27
姦通（かんつう） 119
聞恋（きくこい） 20
後朝・衣衣（きぬぎぬ） 65
後朝の歌（きぬぎぬのうた） 65
後朝の恋（きぬぎぬのこい） 65
後朝の別れ（きぬぎぬのわかれ） 65
気惚れる（きぼれる） 9
久恋（きゅうれん） 27
京女郎 137
狂恋（きょうれん） 71
恋島（くいじま） 146
腐れ縁（くされえん） 75
口口（くちくち） 60
口喧嘩（くちげんか） 74
口吸（くちすい） 60
くちづけ 60
首っ丈（くびったけ） 15
雲となり雨となる 139
廓（くるわ） 134
傾城（けいせい） 134
係恋（けいれん） 24
懸想（けそう） 24
懸想文（けそうぶみ） 40
結婚（けっこん） 56
恋明す（こいあかす） 27
恋余る（こいあまる） 25
恋争（こいあらそい） 46
恋諍（こいいさかい） 74
恋痛し（こいいたし） 25
恋歌（こいうた） 131
恋占（こいうら） 29
恋恨む（こいうらむ） 27
恋愁う（こいうれう） 30
恋教鳥（こいおしえどり） 150
恋男（こいおとこ） 32
恋思（こいおもい） 14
恋思（こいおもう） 14
恋女（こいおんな） 32
恋歌（こいか） 131
恋ヶ浦（こいがうら） 143
恋返す（こいかえす） 116
恋が効く（こいがきく） 43
恋ヶ窪（こいがくぼ） 143
恋風（こいかぜ） 18
恋敵（こいがたき） 46
恋語（こいがたり） 61
恋悲しむ（こいかなしむ） 102
恋兼る（こいかねる） 25
恋ケ浜（こいがはま） 145

恋川(こいかわ) 17
恋君(こいぎみ) 32
恋句(こいく) 131
恋草(こいぐさ) 18
恋暮す(こいくらす) 27
恋郭(こいくるわ) 134
恋気(こいけ) 14
恋恋(こいこう) 25
恋焦れる(こいこがれる) 25
恋心(こいごころ) 14
恋籠る(こいこもる) 23
恋衣(こいごろも) 18
恋盛(こいざかり) 15
恋里(こいざと) 134
恋醒(こいざめ) 81
恋路(こいじ) 16
恋しい(こいしい) 14
恋路海岸(こいじかいがん) 143
恋路ヶ浜(こいじがはま) 144
恋路島(こいじしま) 146
恋沈む(こいしずむ) 73
恋鳥(こいしどり) 149
恋死(こいじに) 111
恋路の念力(こいじのねんりき) 15
恋路の闇(こいじのやみ) 16
恋し浜駅(こいしはまえき) 142
恋路物語(こいじものがたり) 143
恋不知(こいしらず) 85
恋知(こいしり) 85
恋知顔(こいしりがお) 85
恋知鳥(こいしりどり) 150
恋過ぐ(こいすぐ) 81
恋瀬川(こいせがわ) 143
恋訴訟(こいそしょう) 101
恋力(こいぢから) 75
恋塚(こいづか) 111
恋疲(こいづかれ) 75
恋尽(こいづくし) 43
恋と哀れは種一つ 139
恋所(こいどころ) 134
恋泊村(こいどまりむら) 146
恋泣く(こいなく) 31
恋慰(こいなぐさめ) 28
恋嘆く(こいなげく) 31
恋情(こいなさけ) 14
恋に上下の隔て無し 139
恋には身をやつせ 139
恋女房(こいにょうぼう) 58
恋寝(こいぬ) 27
恋猫(こいねこ) 148
恋の一念(こいのいちねん) 15
恋の海(こいのうみ) 17
恋の上荷を撥ねる 139
恋の重荷(こいのおもに) 71
恋の懸綱(こいのかけつな) 41
恋の懸橋(こいのかけはし) 44
恋の絆(こいのきずな) 75
恋ノ木村(こいのきむら) 145
恋の句(こいのく) 131
恋の結晶(こいのけっしょう) 57
恋の坂(こいのさか) 17
恋の鞘当(こいのさやあて) 46
恋の柵(こいのしがらみ) 70
恋の深淵(こいのしんえん) 17
恋の関(こいのせき) 70
恋の関の戸(こいのせきのと) 70
恋の関守(こいのせきもり) 70
恋の瀬踏(こいのせぶみ) 41
恋の騒き(こいのぞめき) 15
恋の大海(こいのたいかい) 17
恋の束(こいのつかね) 28
恋の端(こいのつま) 10
恋の峠(こいのとうげ) 17
恋ノ峠(こいのとうげ) 142
恋の俘(こいのとりこ) 15
恋の虜(こいのとりこ) 15
恋の中宿(こいのなかやど) 118
恋の涙(こいのなみだ) 31
恋の盗み(こいのぬすみ) 118
恋の橋(こいのはし) 44
恋の初風(こいのはつかぜ) 12
恋之原村(こいのはるむら) 146
恋の淵(こいのふち) 17
恋の蛍(こいのほたる) 19
恋の松原(こいのまつばら) 144
恋の水神社(こいのみずじんじゃ) 145
恋の道(こいのみち) 16
恋の道には女が賢しい
恋の湊(こいのみなと) 145
恋野村(こいのむら) 145
恋の持夫(こいのもちぶ) 71
恋の奴(こいのやっこ) 70
恋の山(こいのやま) 17
恋の病(こいのやまい) 30
恋の山路(こいのやまじ) 17
恋の闇(こいのやみ) 72
恋の闇路(こいのやみじ) 72
恋の夜殿(こいのよどの) 27
恋の若生え(こいのわかばえ) 10
恋の罠(こいのわな) 41
恋は曲者 139
恋は思案 139
恋はし勝ち 139
恋話(こいばなし) 133
恋は人の外 139
恋は盲目 139
恋は闇 139
恋人(こいびと) 32
恋文(こいぶみ) 40
恋文横丁(こいぶみよこちょう) 143
恋振(こいぶるい) 13
恋増る(こいまさる) 25
恋みくじ(こいみくじ) 29
恋水(こいみず) 31
恋乱れる(こいみだれる) 26
恋無情(こいむじょう) 81
恋結び(こいむすび) 29
恋痩(こいやせ) 31
恋奴(こいやっこ) 70
恋病(こいやまい) 30
恋止む(こいやむ) 81
恋わずらい(こいわずらい) 30
恋忘貝(こいわすれがい) 112
恋忘草(こいわすれぐさ) 112
恋渡る(こいわたる) 27
恋侘ぶ(こいわぶ) 30
恋う(こう) 14
口吸(こうきゅう) 60
好色(こうしょく) 132
後朝(こうちょう) 65

幸福駅（こうふくえき） 142
焦がれ死に（こがれじに） 111
酷愛（こくあい） 72
小小姓・児小姓（こごしょう） 136
心移り（こころうつり） 80
心変り（こころがわり） 80
心ときめき（こころときめき） 129
心の秋（こころのあき） 78
心の熾（こころのおき） 25
心残り（こころのこり） 106
心の花（こころのはな） 80
心の紅葉（こころのもみじ） 18
心行く（こころゆく） 49
後朝（ごちょう） 65
小糠三合あったら婿に行くな 139
顧恋（これん） 106
婚姻（こんいん） 56
婚約者（こんやくしゃ） 54

さ

囀（さえずり） 148
私言（ささめごと） 61
去り（さり） 101
去り状（さりじょう） 101
去り文（さりぶみ） 101
三角関係（さんかくかんけい） 119
色情（しきじょう） 132
色欲（しきよく） 132
時雨心地（しぐれごこち） 102
私娼（ししょう） 135
下思（したおもい・したもい） 23
下燻ゆる（したくゆる） 23
下恋（したごい） 23
下焦る（したこがる） 23
下焦れ（したこがれ） 23
下紐解く（したひもとく） 60
嫉妬（しっと） 74
失恋（しつれん） 96
忍び車（しのびぐるま） 118
忍恋慕（しのびれんぼ） 24
信夫（しのぶ） 142
忍ぶ恋（しのぶこい） 22
忍恋路（しのぶこいじ） 16
忍ぶる恋（しのぶるこい） 22
若道（じゃくどう） 136
若道狂（じゃくどうぐるい） 136
邪恋（じゃれん） 119
執心（しゅうしん） 24
秋波（しゅうは） 40
ジューン・ブライド 56
衆道（しゅどう） 136
春怨（しゅんえん） 111
春情（しゅんじょう） 132
春本（しゅんぽん） 133
娼妓（しょうぎ） 134
情死（じょうし） 121
情事（じょうじ） 132
情人（じょうじん・じょうにん） 118
情欲（じょうよく） 132
情話（じょうわ） 133
処女（しょじょ） 130
初夜（しょや） 56
女郎（じょろう） 134
心中（しんじゅう） 121
心中立て（しんじゅうだて） 121
新婦（しんぷ） 56
新郎（しんろう） 56
据え膳（すえぜん） 42
据え膳食わぬは男の恥 140
背・兄（せ） 57
青春（せいしゅん） 13
背子（せこ） 57
切ない（せつない） 128
接吻（せっぷん） 60
惣嫁（そうか） 135
相思相愛（そうしそうあい） 49
相当打ち（そうとううち） 101
騒動打ち（そうどううち） 101
袖の雨（そでのあめ） 103
袖の移り香（そでのうつりが） 65
空なる恋（そらなるこい） 53
空の雫（そらのしずく） 103
空の露（そらのつゆ） 103

た

高嶺の花（たかねのはな） 21
抱く（だく） 60
黄昏恋（たそがれのこい） 88
立君（たちぎみ） 134・135
七夕（たなばた） 150
旅子（たびこ） 136
手枕（たまくら） 60
偶さか（たまさか） 129
玉響（たまゆら） 129
たゆたう 128
たわれ猫（たわれねこ） 148
男色（だんしょく） 136
近おとり 140
近まさり 140
契り（ちぎり） 55
契り語らう（ちぎりかたらう） 55
稚児（ちご） 136
千鳥（ちどり） 151
茶屋女（ちゃやおんな） 135
茶屋娘（ちゃやむすめ） 135
茶屋者（ちゃやもの） 135
喋々喃々（ちょうちょうなんなん） 61
痴話喧嘩（ちわげんか） 74
筑摩鍋（つくまなべ） 149
筑摩の鍋（つくまのなべ） 149
付文（つけぶみ） 40
辻君（つじぎみ） 134・135
辻傾城（つじけいせい） 135
辻遊女（つじゆうじょ） 135
筒井つ（つついつ） 13
筒井筒（つついづつ） 13
美人局（つつもたせ） 85
妻・夫（つま） 57
妻争（つまあらそい） 46
妻衣（つまぎぬ） 57
妻籠（つまご） 144
妻恋・夫恋（つまごい） 70
妻乞（つまごい） 29
妻恋（つまごい） 143
孀恋（つまごい） 143
妻恋草（つまこいぐさ） 150
妻恋衣・夫恋衣（つまごいごろも） 18
妻恋町（つまごいちょう） 143
妻恋鳥（つまこいどり） 148

妻越し船（つまこしふね） 150
妻籠・夫籠（つまごめ） 54
妻定・夫定（つまさだめ） 54
妻問い婚（つまどいこん） 56
妻の子・夫の子（つまのこ） 57
妻迎船（つまむかえぶね） 150
艶事（つやごと） 85
艶文（つやぶみ） 40
つらい 110
つらし 110
つれない 110
つれなし 110
出合茶屋（であいぢゃや） 118
出合屋（であいや） 118
出合宿（であいやど） 118
溺愛（できあい） 72
童貞（どうてい） 130
遠き恋（とおきこい） 52
遠くて近きは男女の仲 140
得恋（とくれん） 49
年の恋（としのこい） 27
飛子（とびこ） 136
共白髪（ともしらが） 58
鳥交る（とりさかる） 148
蕩めかす（とろめかす） 40
とんびっこ 136

な

中川の逢瀬（なかがわのおうせ） 118
流し目（ながしめ） 40
眺め（ながめ） 28
中宿（なかやど） 118
泣恋う（なきこう） 31
鳴く蝉よりも鳴かぬ蛍が身をこがす 140
名残（なごり） 107
夏衣（なつぎぬ） 149
夏草（なつくさ） 149
夏衣（なつごろも） 149
夏の温石と傾城の心とは冷たい 140
夏の夜（なつのよ） 149
生恋し（なまこいし） 14
涙の雨・泪の雨（なみだのあめ） 103
涙の色（なみだのいろ） 103
涙の時雨（なみだのしぐれ） 103
馴れ合い（なれあい） 55
馴れ合い夫婦（なれあいふうふ） 55
馴れ合い間男（なれあいまおとこ） 85
馴れ初め（なれそめ） 55
男色（なんしょく） 136
新手枕（にいたまくら） 60
新枕（にいまくら） 60
新嫁（にいよめ） 56
錦木（にしきぎ） 29
若道（にゃくどう） 136
濡れ事（ぬれごと） 132
寝くたれ髪（ねくたれがみ） 65
猫さかる（ねこさかる） 148
猫つむる（ねこつむる） 148
猫の恋（ねこのこい） 148
猫の妻（ねこのつま） 148
猫の妻恋（ねこのつまごい） 148
念者（ねんじゃ） 136
後の心（のちのこころ） 65
惚気る（のろける） 128

は

売女（ばいた） 134
破局（はきょく） 96
初恋（はつこい） 12
初枕（はつまくら） 60
鼻毛を読む 140
花心（はなごころ） 80
縹（はなだ） 82
花街（はなまち） 134
花水祝い（はなみずいわい） 151
花婿（はなむこ） 56
花嫁（はなよめ） 56
箒木（ははきぎ） 107
春心（はるごころ） 8
春駒（はるこま） 148
春の心（はるのこころ） 8
春の猫（はるのねこ） 148
春負（はるまけ） 30
破恋（はれん） 96
バレンタインデー 148
火遊び（ひあそび） 85
牽牛星（ひこぼし） 150
美少人（びしょうにん） 136
美少年（びしょうねん） 136
美女は醜婦の仇 141
常陸帯（ひたちおび） 151
人恋しい（ひとこいしい） 14
人妻（ひとづま） 119
人には添うてみよ馬には乗ってみよ 141
一目ぼれ（ひとめぼれ） 8
一夜妻（ひとよづま） 134
独寝（ひとりね） 97
独伏（ひとりぶし） 97
百年の恋も一時に冷める 141
秘恋（ひめごい） 22
悲恋（ひれん） 96
秘恋（ひれん） 22
フィアンセ 54
夫婦わかれ（ふうふわかれ） 100
不義（ふぎ） 119
富士山（ふじさん） 130
舞台子（ぶたいこ） 136
二心（ふたごころ） 84
二道（ふたみち） 84
プロポーズ 54
星合（ほしあい） 150
星の逢瀬（ほしのおうせ） 150
星の恋（ほしのこい） 150
星の契り（ほしのちぎり） 150
焔（ほむら） 130
惚れた病に薬なし 141
惚れた欲目 141
惚れて通えば千里も一里 141
惚れる（ほれる） 9
ホワイトデー 148
本恋（ほんこい） 52
盆屋（ぼんや） 118

ま

間男（まおとこ） 85
目合（まぐあい） 60
待合茶屋（まちあいぢゃや） 118
松の浮根（まつのうきね） 110

待宵（まつよい） 150
間夫（まぶ） 135
見返柳（みかえりやなぎ） 134
三行半（みくだりはん） 101
水浴びせ（みずあびせ） 151
水浴ぶせ（みずあぶせ） 151
水祝い（みずいわい） 151
水かけ（みずかけ） 151
水かけ祝（みずかけいわい） 151
水かけの寿（みずかけのことぶき） 151
水に燃え立つ蛍 141
水の賀（みずのが） 151
密夫（みそかお） 85
密男（みそかおとこ） 85
見初める（みそめる） 8
みだれ髪（みだれがみ） 65
乱恋（みだれごい） 71
乱心（みだれごころ） 26
乱れ初む（みだれそむ） 26
乱れ立つ（みだれたつ） 26
道行（みちゆき） 120
密会（みっかい） 118
密通（みっつう） 119
見とれる（みとれる） 9
見惚れる（みほれる） 9
未練（みれん） 106
身を焼く（みをやく） 74
武蔵野の恋（むさしののこい） 52
睦言（むつごと） 61
胸の煙（むねのけむり） 25
胸を焦がす（むねをこがす） 25
迷恋（めいれん） 71
飯盛女（めしもりおんな） 135
目褄を忍ぶ（めつまをしのぶ） 118
盲愛（もうあい） 72
本木にまさる末木なし 141
紅葉鳥（もみじどり） 150
最合傘（もやいがさ） 49
諸思（もろおもい） 48
諸恋（もろごい） 48
諸白髪（もろしらが） 58

や

やきもち 74
焼餅焼くとて手を焼くな 141
柳の糸（やなぎのいと） 31
夜発（やほち） 135
やらずの雨（やらずのあめ） 61
遊郭（ゆうかく） 134
遊女（ゆうじょ） 134
遊女狂い（ゆうじょぐるい） 132
夕轟（ゆうとどろき） 19
遊里（ゆうり） 134
ゆきずり 129
湯女（ゆな） 135
指切（ゆびきり） 135
夢通路（ゆめかよいじ） 16
夢路（ゆめじ） 16
夢の通い路（ゆめのかよいみち） 16
夢の道（ゆめのみち） 16
余韻（よいん） 107
夜離る（よがる） 82
横恋慕（よこれんぼ） 24
余情（よじょう） 107
終夜（よすがら） 130
夜鷹（よたか） 135
夜這い（よばい） 42
嫁入り婚（よめいりこん） 56
夜目遠目笠の内 141
寄りかかる 128
よろめき 119
よろめく 119

ら

ラブレター 40
離縁（りえん） 100
離婚（りこん） 100
流連（りゅうれん） 135
両思い（りょうおもい） 49
恋愛（れんあい） 48
恋愛者（れんあいしゃ） 48
恋愛振（れんあいぶり） 48
恋情（れんじょう） 14
恋着（れんちゃく） 24
恋慕（れんぼ） 24
恋恋（れんれん） 25

わ

若衆（わかしゅ） 136
若衆（わかしゅう） 136
若駒（わかごま） 148
別れ路（わかれじ） 97
吾妹子（わぎもこ） 57
わけしり 85
忘草（わするるくさ） 112
忘れ貝（わすれがい） 112
忘草・忘れ種（わすれぐさ） 112
勿忘草（わすれなぐさ） 113
破れ鍋に綴じ蓋 141
笑い本（わらいぼん） 133

●参考文献

『日本国語大辞典』（小学館）
『日本古典文学全集』（小学館）
『完訳日本の古典』（小学館）
『新編国歌大観』（角川学芸出版）
『大辞泉』（小学館）
『広辞苑』（岩波書店）
『逆引き広辞苑』（岩波書店）
『大漢和辞典』諸橋轍次（大修館書店）
『故事・俗信ことわざ大辞典』（小学館）
『大歳時記』（集英社）
『合本俳句歳時記』（角川学芸出版）
『日本大百科全書』（小学館）
『角川日本地名大辞典』（角川書店）
『日本歴史地名大系』（平凡社）
『日本人名大辞典』（講談社）
『王朝文学の楽しみ』
尾崎左永子著（岩波新書）
『良寛・貞心尼の仮名を読む』
梅津昇編（考古堂）
『杉田久女と橋本多佳子』
（別冊 俳句とエッセイ 牧羊社）
『斎藤茂吉・愛の手紙によせて』
永井ふさ子著（求龍堂）
『鈴木真砂女読本』（別冊俳句）
『和泉式部日記』（岩波文庫）
『西行花伝』辻邦生著（新潮文庫）
『山川登美子歌集』
今野寿美編（岩波文庫）

恋の糸

恋は人生の花といわれる一方で、恋心は大風にたとえられたり、また嫉妬は嵐のように身を苛む。涙雨に濡れることもある。恋のなかに、花があり、風があり、雨がある。恋は人の自然である。

これまで版を重ねてきた『雨の名前』『風の名前』『花の名前』の「まほろば歳時記」に、この一冊をつらねることができるのは、嬉しい。当初からいっしょに仕事をしてきた写真家・佐藤秀明さんは、人生の機微を温かく捉える目をおもちである。それが随所に見られよう。

本書に十一篇収めた「恋の私がたり」は、小説仕立ての書き下ろしである。そのほうがエッセイよりも、恋の真実に触れられると思った。

資料収集に協力を惜しまれなかったデコの齋藤春菜さん、鮮やかなお手なみで、もつれる恋の糸を束ねてくださった小学館の土肥元子さんに感謝申し上げます。

（高橋順子）

高橋順子
詩人。一九四四年千葉県生まれ。詩集に『時の雨』（読売文学賞／青土社）、『海へ』（藤村記念歴程賞・三好達治賞／書肆山田）など。エッセイに『恋の万葉・東歌』（書肆山田）、『水のなまえ』（白水社）など。佐藤秀明との共著に、『雨の名前』『風の名前』『花の名前』（以上、小学館）『月の名前』（デコ）がある。

恋の瞬間

後書きを書く段に成って、大変困ってしまった。なぜなら、本書に掲載した写真は、恋とか愛を意識してとった覚えの無い写真ばかりだからだ。言ってみれば、トリミングやキャプションのつけかたでいかようにも解釈ができる自立性の無い写真が多いのである。

とかなんとか言ってしまうと「そんな写真を撮るお前に問題があるのだ」と言われてしまいそうだが、カメラを持ってぶらついている時に出っくわす風景というのは、じつに曖昧なものが多いのである。

知り合いの人間がすれ違い様に軽い会釈を交わしているところを撮る時に、シャッターを切る瞬間次第で分かれ際の人達になったり、会いたくなかった2人が会ってしまったという写真になったりする。もしかしたら人生ってこんな微妙なものかもしれない。

カメラを携えて街角をぶらつくというのはそんな微妙な瞬間を探す行為でもあるのだ。

（佐藤秀明）

佐藤秀明
写真家。日本写真家協会会員。一九四三年新潟県生まれ。北極、チベット、アメリカなど世界各国の自然や人々をテーマに作品を発表。著書に『北極』（情報センター出版局）、『カイマナヒラ』（ビームス）、『ユーコン』（スイッチ・パブリッシング）など多数。高橋順子との共著は本書で五作目となる。

本書には、日本語と日本文化の長い歴史のなかで使われ、愛されてきた言葉を収載しています。なかには今日では配慮が必要とされるものもありますが、日本人が恋や愛を表現してきた軌跡をたどるものとして収録しました。

恋の名前

二〇一六年　二月十三日　初版第一刷発行

著　者　高橋順子
佐藤秀明
発行者　伊藤礼子
発行所　株式会社小学館
〒一〇一-八〇〇一　東京都千代田区一ツ橋二-三-一
電話　編集／〇三-三二三〇-五一二〇
販売／〇三-五二八一-三五五五
印刷　凸版印刷株式会社
製本　株式会社若林製本工場
装幀　大森裕二

©2016 Junko Takahashi, Hideaki Sato　Printed in Japan
ISBN978-4-09-681436-9

造本には十分注意しておりますが、印刷、製本など製造上の不備がございましたら「制作局コールセンター」(フリーダイヤル0120-336-340)にご連絡ください。電話受付は、土・日・祝休日を除く9:30～17:30です。

本書の無断での複写(コピー)、上演、放送等の二次利用、翻案等は、著作権法上の例外を除き、禁じられています。
本書の電子データ化などの無断複製は、著作権法上の例外を除き禁じられています。代行業者等の第三者による本書の電子的複製も認められておりません。

編　集　株式会社デコ(齋藤春菜)
校　正　小学館クオリティーセンター、兼古和昌
編集協力　坂部由佳